Para

_____

De

_____

Fecha

_____

La Ciencia Arcaica de La Esclavitud

Apóstol Dr. Mario H. Rivera

&

Pastora Luz Rivera

**Publicado por
LAC Publications
Derechos reservados**

© 2020 LAC Publication (Spanish Edition)
Primera Edición 2020
© 2020 Mario H. Rivera y Luz Rivera
Todos los derechos reservados.

ISBN: 978-0-578-65790-5

© **Mario H. Rivera y Luz Rivera
Reservados todos los derechos**

Ninguna porción ni parte de esta obra se puede reproducir, ni guardar en un sistema de almacenamiento de información, ni transmitir en ninguna forma por ningún medio (electrónico, mecánico, de fotocopias, grabación, etc.) sin el permiso previo de los editores. La única excepción es en breves citas en reseñas impresas.

Diseño de la portado: Juan Luque

Impreso en USA (Printed in USA)
Categoría: Guerra Espiritual

Índice

1 Capítulo

**La Ciencia Arcaica De La Esclavitud y
La Revelación Divina que
La Destruye**

- La Prolongación de la Esclavitud
- La Historia de la Esclavitud
- La Ciencia de la Esclavitud
- La Esclavitud Presente
- La Esfera de la Esclavitud
- Categorías de los países del mundo
- La Esclavitud Bíblica
- La Esclavitud Física
- ¿Qué es Esclavitud?
- La Animalización de la Esclavitud
- Mayordomos y Capataces
- La Esclavitud Psicológica
- La Fabricación de un Esclavo
- La Esclavitud y el Rompimiento de la Voluntad

2 Capítulo

Los Efectos de La Esclavitud Espiritual

- La Promesa de Libertad
- Definición de Esclavitud
- Breve Historia del Fabricante de Esclavos
- Concepto de Ciencia
- Los Ángulos de La Esclavitud
- Los Efectos de la Esclavitud Espiritual
- Esclavitud y Cautividad
- Significado de Esclavitud
- Características de La Esclavitud
- Significado de Cautividad
- Características de la Cautividad
- Los Efectos Secundarios de La Cautividad
- La Esclavitud Destrucción del Legado
- Les Enseñaron a ser Esclavos
- William Lynch y Su Libro Cómo hacer un Esclavo
- Actitudes Africanas incluso hasta hoy día
- La Esclavitud Espiritual
- Los Perfiles de la Esclavitud
- La Agenda del Espíritu de Egipto

- Esclavos de la Economía
- La Esclavitud Neurológica
- La Memoria Neuronal
- Maltrato y Estrés Materno
- La Formación del Alma
- Conocimiento Preexistencial del Alma
- El Soplo de Dios – El Alma Nueva
- El Alma con Ciclos de Dios
- Tu Inicio en la Tierra es Una Obra Maestra
- La Deformación del Alma
- La Fenomenología del Alma
- La Historia del Alma
- La Reformación del Alma
- La Memoria Neuronal – Sanidad del Pasado

3 Capítulo

Los Efectos Bioquímicos de La Esclavitud

- La Promesa de La Libertad
- Definiendo Los Efectos de La Bioquímica
- Definiendo Los Efectos de La Esclavitud
- La Ciencia de La Esclavitud
- La Animalización de La Esclavitud

- ¿Cuáles son los niveles de tinieblas?
- Las Divisiones
- La Psicología de William Lynch
- La Estrategia de Lynch
- La Esclavitud de La Independencia
- La Perversión de Las Funciones Naturales
- Once Razones de La Esclavitud de La Independencia
- Efectos de Esclavitud y Estructura Familiar
- Los Efectos de División en El Núcleo Familiar
- El Targum Onkelós
- El Diseño de Dios en la Mujer
- El Diseño de Dios en el Hombre
- Documento de Esclavitud
- El Origen Histórico del Día de La Madre
- El Origen del Movimiento de Liberación Femenino

4 Capítulo

Los Efectos Acosadores de La Esclavitud

- Aprendiendo Libertad
- El Proceso Cerebral del Aprendizaje
- El Aprendizaje es Igual a Naturaleza
- El Aprendizaje
- La Esclavitud Interior se libera al Aprender
- La Obra del Esclavista
- Los Efectos Bioquímicos de La Esclavitud
- Definiendo Los Efectos de La Bioquímica
- La Esclavitud como Institución Familiarizada
- Casa de Esclavitud
- Paternidad de Esclavitud
- El Alimento del Esclavo
- La Alteración Bioquímica
- Los Apetitos del Esclavo

5 Capítulo

Los Efectos en La Dieta de La Esclavitud

- Los Efectos Bioquímicos de La Esclavitud
- La Esclavitud a Través de la Comida
- ¿Qué era el Maná?
- El Nuevo Alimento de La Tierra de La Promesa
- La Progresión de La Comida de Esclavos
- Datos Estadísticos de Codornices
- La Dieta para Cautivar
- El Alimento del Esclavo
- La Esclavitud Bioquímica Espiritual
- ¿Cómo se Define la Bioquímica del Placer?
- Definición de Los Placeres
- ¿Por qué es Bioquímica?
- La Necesidad Primitiva del Placer
- El Engaño
- La Dopamina
- Placeres Formados
- Los Nuevos Apetitos y La Restauración Bioquímica
- El Renuevo de La Mentalidad para Cambiar los Apetitos y La Bioquímica
- La influencia epigenética de Israel
- La Santa Cena para Cambiar Los Apetitos y La Bioquímica

6 Capítulo

La Generación de Adversidades Tempranas - 1

- Los Impactos de Las Adversidades Tempranas
- ¿Dónde Marca el Diablo?
- Las Enfermedades de La Mente
- La Perspectiva Divina de Las Generaciones
- Tipos de Generaciones
- Las Ultimas Generaciones
- La Generación de Los Hipersensibles
- La Generación La Nada
- Los Poderes de Los Últimos Días
- El Poder de La Defensa de La Fe
- Las Generaciones según La Biblia

7 Capítulo

La Generación de Adversidades Tempranas - 2

- La Última Generación
- La Última Generación Nacida de La Matriz de Dios
- La Generación de Adversidades Tempranas

- Significado de Mefiboset
- Significado de Lodebar
- Las Experiencias Tempranas influyen En El Cerebro En Desarrollo
- Disparadores de Las Adversidades Tempranas
- Los Riesgos de Las Adversidades Tempranas
- Las Respuestas ante El Estrés
- Los Activadores de La Última Generación
- En Cristo se Activa El ADN Latente
- Interruptores
- Los Activadores del ADN Latente
- El ADN de la Última Generación
- Los Nombres de la Jerarquía Ancestral
- La Santa Cena Activa un ADN Latente de más que Vencedor
- Diagrama de Reparación del ADN

8   Capítulo

Libros de La Serie Equipamiento Integral para Combatientes de Liberación

- El Misterio de La Iniquidad − Libro 11
- El Mundo de Los Espíritus − Libro 10
- La Palestra del Guerrero Espiritual −

Libro 9
- Las Raíces del Abismo – Libro 8
- El Alfa y La Omega de La Guerra Espiritual – Libro 7
- El Alma Viviente – Libro 6
- El Origen del Alma – Libro 5
- El Régimen Jurídico de Los Derechos Espirituales – Libro 4
- Los Ancestros – Liberación de La Genética y Epigenética – Libro 3
- La Liberación Integral Familiar – Libro 2
- Las Herramientas del Libertador – Libro 1

INTRODUCCIÓN

A través de la historia de la humanidad, se podría hacer el recuento del aumento de la ciencia en términos generales, como lo dice **Daniel 12:4**, llevando así el abandono de una forma de vida arcaica y alcanzar cada vez algo nuevo, eso es parte de la evolución normal de la humanidad.

Sin embargo, para que se llegara al modernismo actual, pasaron muchos años, parecería que hubo un tiempo en el cual el avance de la ciencia no se estancó pero disminuyó su velocidad y los procesos se mantuvieron por muchos años, por ejemplo, la forma en que se transportaban de un continente a otro; las embarcaciones tenían principalmente la fuerza humana de gente que los convirtieron en esclavos para remar; no existían motores de combustión como los hay en la actualidad, eran personas como tu y como yo, seres humanos capturados de su lugar de origen a través de engaños o por la fuerza, los utilizaron el tiempo que quisieron por su fortaleza y en su momento los vendían como si fueran objetos.

La esclavitud entonces se llega a convertir en una ciencia producida por mentes que carecían del amor de Dios; llegó a ser la **ciencia diabólica de la esclavitud** porque en el afán de ver cómo el fuerte en todos los aspectos de la vida, se proyectaba sobre los débiles; también descubrieron que trabajando sobre el alma de aquella gente, podían alcanzar mejores propósitos sin importar los estragos que sufrieran internamente, su meta fue automatizar aquella esclavitud, al punto que sintieran que no eran merecedores de otra cosa sino la que recibían por sus amos, lo cual se convirtió en tratos inhumanos en todos los sentidos que pudieran existir.

¿De dónde obtengo la idea que la esclavitud es una ciencia? Por la forma en que fue implementada y el seguimiento que tuvo para ser trasladada de generación en generación, además que en el concepto propio de lo que es ciencia, lleva al punto donde los especialistas realizan distintos estudios y observaciones, implementando el **método científico**, para que de esa manera se pueda lograr alcanzar nuevos conocimientos certeros, irrefutables, válidos y objetivos; más aun, cuando investigas lo que significa, **método científico**, según los diccionarios seculares, encuentras que, el método científico, para que sea considerado como tal, debe tener **dos características: reproducible por cualquier persona**, en cualquier lugar y ser **refutable**, pues toda proposición científica debe ser susceptible de poder ser objetada.

Partiendo de eso, entre los años 1700 y 1800, existió un personaje llamado **William Lynch** con una mente diabólica que no dudó en utilizar cualquier recurso para alcanzar sus objetivos de esclavitud; puedo ver entonces cómo fue que por medio del llamado **método científico**, pudo implementar lo que podría llamarse la empresa de esclavos con la que se benefició y si en algún momento fallaba, simplemente cambiaba la manera de manipular la mente de los esclavos hasta encausar nuevamente su propósito lo cual no era otra cosa más que animalizar gente y venderla como tal.

Una vez que logró afinar su estrategia diabólica, principalmente en el área de África, donde de una forma inexplicable conquistó gente que habían sido guerreros; **William Lynch** avanza en esclavizar la mente de aquella gente para capturar su alma, tenerlos sojuzgados al punto en que ya no sería necesario estarlos vigilando para que hicieran el trabajo pesado para el cual los había esclavizado, sino que, creyeran que debían hacerlo porque para eso habían nacido.

Ahora bien, la primera característica del método científico es, **reproducible por cualquier persona**, eso significa que la esclavitud establecida por **William Lynch**, fue con el objetivo que todo el estigma dejado en el alma de una generación, fuera heredado a las siguientes sin repetir el mismo proceso; les programaba en su alma en base a golpes todo lo que debían hacer, les daban un tratamiento como quien está domando un caballo para grabarles su rutina y que olvidaran la libertad que habían dejado atrás.

Sin embargo, a pesar de que la esclavitud fue abolida desde hace muchos años, el mayor problema es que por los problemas causados en el alma de esas generaciones, hoy día aun hay gente con repercusiones en su forma de vida, su dieta alimentaria, un sistema matriarcal que perdura a pesar que la humanidad presume de vivir un modernismo como nunca antes, pero hay cosas que aun prevalecen principalmente en aquellos de que son de raza afroamericana por ser sus orígenes los que más sufrieron en la antigüedad en lo que hoy es Estados Unidos de América.

Hablar de la esclavitud es un tema muy amplio, la forma arcaica de ataque de las tinieblas, dejó de verse porque se enfocaron hacia la mente de la humanidad, principalmente de los cristianos; hoy es un ataque más sutil como no se había visto antes y dejando daños en el alma; situaciones tan complejas de carácter irreversible a la mano del hombre, no así por el amor de Dios, al punto que todo ese efecto generacional puede ser roto para que toda persona tenga la oportunidad de un reinicio en su vida libre de toda esclavitud, sea cual sea porque es **el Señor Jesucristo el especialista en imposibles y Su sangre vino a libertar**.

Apóstol Mario Rivera.

La Ciencia Arcaica De La Esclavitud y La Revelación Divina que La Destruye

Capítulo 1

El deseo del corazón de Dios es que alcances a tener una vida plena sin limitaciones espirituales ni físicas, obviamente bajo la ley de la libertad; el hecho de no tener limitaciones no significa que haya una libertad que ralle en el libertinaje, sino que, me refiero al hecho de no tener limitaciones que el enemigo de tu alma haya pretendido sentar en tu vida y eso te tenga viviendo con restricciones enfocadas más específicamente hacia una esclavitud. Por eso Dios está trayendo cada día más revelación de cómo alcanzar a vivir plenamente las palabras dichas por el Señor Jesucristo:

Juan 8:32 (LBA) ...y conoceréis la verdad, y la verdad os hará libres.

Mientras no se progresa en esa extraordinaria verdad, será como estar en un sinónimo de existencia donde aun haya limitaciones que impiden alcanzar el verdadero propósito de Dios en tu vida para que alcances el cumplimiento de tu predestinación.

Es por eso que se convierte en vital el hecho de perseverar en la palabra de Dios y estudiarla, no solamente para el momento en que vas a compartir un discipulado quizá; sino que debes estar perseverando y escudriñarla en la Biblia con todo tu corazón, primero porque es la carta de amor que Dios dejó para ti y que sea de esa manera como puedas conducirte en la vida y así complacer Su corazón; pero también para poder desenmascarar las obras infructuosas de las tinieblas que se pueden estarse fraguando en contra tuya y que al advertirlas, entonces queden sin efecto y seas cada vez más inmune a los ataques satánicos que puedan estarte lanzando.

Claro está que cuando observas a lo largo de la historia los eventos que han traído cierto avance para romper con la esclavitud física; no significa precisamente que funcione en automático un rompimiento con la esclavitud espiritual, es ahí donde debe activarse en cada cristiano la responsabilidad de adquirir el conocimiento que Dios ha dejado en la Biblia para que por el Espíritu Santo puedas discernir cuál es tu nivel de libertad en el cual estás viviendo hoy. Es por eso que parte de la temática que encontrarás en este libro, y que puedo decir que es lo más detonante en pos de una total libertad en Cristo Jesús; es lo siguiente:

- ¿Qué es un esclavo?
- Esclavitud física y la espiritual.
- La artimañas de la esclavitud.
- La esfera de la esclavitud.
- ¿Cuánto se puede prologar la esclavitud?
- La esclavitud exterior y la esclavitud interior.
- Libres de la esclavitud exterior pero esclavos orgánicamente en el interior.
- La diferencia de la esclavitud: en el cuerpo, en el alma y en el espíritu.

De manera que para poder alcanzar la plenitud de la libertad, es necesario conocer más y más la verdad que te hará libre, dicho en otras palabras: en la medida que te esfuerces por despojarte del viejo hombre, permitirle a Dios que siga tallando Su imagen en tu corazón para que sea lo que reflejes a donde vayas, hagas Su voluntad las 24 horas del día, los 7 días de la semana; así será como seguirás subiendo de nivel en el conocimiento de la libertad a la cual Dios desea que llegues y obviamente se romperán los moldes que heredaste ancestralmente desde el momento en que llegaste a la Tierra; entonces avanzarás en el propósito de Dios y cumplir así tu predestinación estando en el lugar al que Dios te haya enviado a nacer en lo físico y aun en lo espiritual.

Respecto a la predestinación, es lamentable que hoy, viviendo en el final de los tiempos, viendo los eventos escatológicos que apuntalan la inminente venida secreta del Señor Jesucristo; aun haya cristianos que no están fluyendo en su destino, porque para eso, es necesario eliminar de la vida de cada persona, los impedimentos que se han convertido en esclavitud y que no permiten alcanzar aquello por lo cual cada cristiano fue alcanzado por el amor de Dios.

Por eso es necesario que estudies a profundidad este libro para poder romper con aquellas situaciones de carácter espiritual; quizá no eres esclavo físico, quizá nunca lo hayas sido, pero **¿qué hay en tu vida espiritual?**

La simple idea de pensar que eres esclavo, puede llevarte a rechazarlo por la misma razón que presenta un panorama de tener cadenas, grilletes, comida racionada, hacer trabajos forzados, tener verdugos todo el día, etc., esa es la idea de una esclavitud y la razón por la cual difícilmente alguien pueda aceptar que es esclavo espiritual y donde se complica aun más la situación en la que se vive; sea esto por orgullo, vergüenza o lo que pueda ser; entonces conocer la verdad, se alejará más.

Quiero dejar en este punto la cita que será base para lo que estudiarás a lo largo de este libro:

Juan 8:31-36 (LBA) Entonces Jesús decía **a los judíos que habían creído en Él**: Si vosotros permanecéis en mi palabra, verdaderamente sois **mis discípulos**; ³² y conoceréis la verdad, y **la verdad os hará libres**. ³³ Ellos le contestaron: Somos descendientes de Abraham y nunca hemos sido esclavos de nadie. ¿Cómo dices tú: "Seréis libres"? ³⁴ Jesús les respondió: En verdad, en verdad os digo que todo el que comete pecado es esclavo del pecado; ³⁵ y el esclavo no queda en la casa para siempre; el hijo *sí* permanece para siempre. ³⁶ Así que, si el Hijo os hace libres, seréis realmente libres.

Lo remarcado en esta cita me deja ver 2 puntos importantes:

El primero es que el Señor no estaba hablando con gente inconversa, estaba refiriéndose a gente que ya habían creído en El, eso me deja ver que cuando pasaste de tinieblas a la luz admirable de

Jesús, Él te concedió la oportunidad para llegar a ser verdaderamente libre.

El segundo punto que puedo resaltar como importante es que para llegar a ser discípulos de Jesús, se debe permanecer en Su palabra viviéndola constantemente, buscando más cada día para que al final entonces seas verdaderamente libre. Un discípulo de Jesús tiene el privilegio de llegar a ser verdaderamente libre en la medida que vive la palabra de Dios, puedo decir que hace de su vida un discipulado constante porque otros pueden ver la forma en la que se desarrolla en la vida honrando a Dios.

No obstante, también puedo ver que ese grupo de personas no aceptaban ser esclavos, no reconocían la condición en la que vivían, no solamente espiritual, sino que eran esclavos de los romanos, no estaban como los tuvieron en Egipto, pero no eran libres porque dependían de aquel imperio.

Eso deja ver entonces que lo primero con lo que se batalla es con la mente; se debe romper con todo estigma para ver la realidad con la que cada persona vive y partiendo de ahí, entonces poder buscar la ayuda necesaria o aceptar la ayuda que Dios pueda estar enviando.

Durante el tiempo que el Señor hizo esta declaración, hablando de la libertad, aquellos que la escucharon reaccionaron inmediatamente de manera defensiva rechazando las palabras de Cristo que decía que hay que conocer la verdad para ser libres.

Por eso debes saber que si en algún momento estás cayendo en situaciones de obligatoriedad, eso es sinónimo de esclavitud; quizá alguien tenga el fuerte deseo de ser libre de las drogas, alcoholismo, sexo ilícito, etc., pero no puede por cualquier razón; eso mismo es una esclavitud.

Sin embargo, el mayor problema es reconocer la situación en la que se vive porque alguien puede ser esclavo del alcoholismo creyendo que es alcohólico social, pensando que solo en reuniones sociales bebe licor, sin embargo sus reuniones son cada semana y espera con ansias esas reuniones, entonces la misma situación lo tiene engañado porque es una influencia satánica en la que vive.

Otro punto que debe quedar en claro es que, sin bien es cierto que para un ambiente de esclavitud debe haber 2 participantes: **el esclavizador y el esclavo**, también debes saber que en lo físico es el esclavizador el principal protagonista porque es quien ejerce el dominio.

Sin embargo cuando se habla del ámbito espiritual, si bien es cierto que también existen 2 participantes, el principal protagonista no es el esclavizador, sino el esclavo que permitió llevar a ese nivel su vida espiritual, más aun cuando el esclavo no busca en ningún momento la forma de salir de aquella situación porque la responsabilidad principal es del esclavo espiritual, es eso precisamente lo que el Señor Jesucristo le dijo al grupo de personas con las hablaba de la libertad, pero no comprendieron.

Por eso debes saber que la esclavitud va más allá de la idea que se haya adquirido o que la sociedad misma cree que pueda ser; la esclavitud como tal viene a ser una ciencia por cuanto lleva una especie de ramificación que lleva a la misma idea o como un pulpo con varios tentáculos, todos sus brazos con un mismo propósito y una sola cabeza.

DATOS IMPORTANTES

- La esclavitud literal de los israelitas en Egipto se había terminado.

- Habían pasado aproximadamente 2000 años de ese entonces, para el tiempo en que estaban viviendo bajo el imperio romano.

- La esclavitud que Israel conocía históricamente o a través de la Torá, fue cuando estuvieron esclavos de Faraón por 400 años aproximadamente.

- Para el momento en que Jesús vino a la Tierra a cumplir con el plan divino del Padre, habían transcurrido 4000 años de la historia humana.

- Los judíos a los que se refiere **Juan 8:31-36**, pensaron que la esclavitud a la que se refería el Señor Jesucristo era lo que había quedado en el pasado, pero no era eso a lo que Dios se refería.

La Prolongación de La Esclavitud

Génesis 15:13 (LBA) Y *Dios* dijo a Abram: Ten por cierto que tus descendientes serán extranjeros en una tierra que no es suya, donde serán esclavizados y oprimidos cuatrocientos años.

Este versículo tiene la esencia profética de lo que la descendencia de Abraham habría de vivir, además debe ser motivo de interrogante el hecho de preguntarte qué puede hacer que una esclavitud se prolongue tanto tiempo y que vaya de generación en generación, porque es obvio que si la esclavitud cumplió su ciclo, eso mismo hizo que se trasladara a la siguiente generación, al punto que hubo generaciones que ni siquiera tuvieron la oportunidad de conocer el concepto de lo que podría ser una libertad porque nacieron esclavos y murieron esclavos, para ellos eso fue la vida normal.

En la actualidad podría ser el caso de una persona que fue esclava y no pudo desligar su alma de esa esclavitud, por consiguiente al engendrar un hijo o hija, eso fue lo que heredó, de tal manera que su descendencia no tiene la opción de libertad hasta que conozca a Jesús y que sea Él quien le muestre la verdad que lo llevará a la libertad y que sea a partir de ahí que las siguientes generaciones puedan nacer libres, aunque deben esforzarse por permanecer en ese estatus mental, almático, espiritual, etc.

Por eso insisto en que la esclavitud va más allá de la idea de ponerle cadenas a una persona y es la razón por la cual, si no se tiene conciencia de esa situación, puedes pasar por desapercibido el verdadero estado en el que vivas porque según tú, no eres esclavo a la ausencia de una cadena o grillete físico que esté sujetando tu cuerpo.

Recuerda que si el Satanás, siendo el enemigo de tu alma buscará siempre la manera de tenerte en esclavizado, utilizará todo cuando tenga a su alcance para cumplir su propósito; de tal manera que la humanidad dio lugar a fechas que se han considerado importantes llamadas como **FECHA DE EMANCIPACIÓN DE LA ESCLAVITUD**, donde se celebra la abolición de la esclavitud física, pero no mental o del alma.

Sin magnificar el trabajo de Satanás, puedo decir que ha aprovechado esa situación, porque lo que él busca es tener almática y/o mentalmente esclava a una persona, hacerle creer que es libre porque no arrastra una cadena, pero su alma puede seguir siendo presa de una cárcel mental lo cual es lo mismo a decir que esté viviendo diariamente con resentimiento de lo que haya vivido por consiguiente tener actitudes de esclavo porque son marcas que solamente Dios puede sanar y libertad de todo aquello por cuanto es una ciencia diabólica.

LA HISTORIA DE LA ESCLAVITUD

Tomando en cuenta los años de la invasión, conquista y colonización de países europeos como España, Portugal e Inglaterra, en el continente americano a partir del año 1492, tuvo lugar la esclavitud muy fuertemente en ciertos lugares; menciono esto porque fue el momento donde se dio lugar para una esclavitud que quizá no se había experimentado en América como continente.

LA HISTORIA DE ESCLAVITUD A PARTIR DEL AÑO 1492

De manera sorprendente está comprobado que la esclavitud tiene poder e influencia para ejercer dominio de 300 hasta 1000 años, pero no es menor a 300 años, observa la siguiente estadística en relación a la esclavitud y su abolición:

- **GUATEMALA Y CENTRO AMERICA DEL AÑO 1492 A 1824** = 332 años.

- **ESTADOS UNIDOS DE AMÉRICA FUE ABOLIDA EN 1865** = 373 años.

- **CUBA ABOLIDA EN 1868** = 376 años.

- **HAITÍ ABOLIDA EN 1803** = 311 años.

- **ECUADOR ABOLIDA EN 1859** = 367 años.

- **COLOMBIA ABOLIDA EN 1852** = 360 años.

- **MEXICO ABOLIDA EN 1829** = 337 años.

- **VENEZUELA ABOLIDA EN 1823** = 331 años.

¿Qué es lo que realmente se crea en la persona sometida a la esclavitud, que aunque sus días sólo sean de 70 y hasta 80 años como lo dice la Biblia; su esclavitud permanece en su raza o descendientes hasta 1000 años?

Un esclavo es alguien que entró en el proceso llamado: la animalización para desconectarlo de su naturaleza, su núcleo y que viva llevando en su mente y hormonas los efectos bioquímicos de la esclavitud.

Ahora bien, como ya lo señalé, es una ciencia diabólica que mantiene un promedio no menor a 300 años, el patrón de esclavitud que puedes notar no baja de 3 siglos. Pero entonces, **¿por qué es una ciencia diabólica la esclavitud?, ¿qué hace que se prolongue tanto tiempo?** Por eso traigo nuevamente la cita de **Juan 8:31-36**, porque solamente la verdad puede libertad a un esclavo y hacerlo libre de cualquier vestigio interno mental o del alma.

La Ciencia de La Esclavitud

La razón de la prolongación de la esclavitud, se debe a que la esclavitud es un sistema que abarca y crea estragos en los siguientes ángulos:

- Ángulo psicológico.
- Ángulo neurológico.
- Ángulo bioquímico.
- Ángulo biológicos.
- Ángulo de la conciencia.
- Ángulo genético.
- Ángulo hormonal.

Es necesario abordar todas estas facetas en donde la esclavitud se fabrica, de tal manera que podrás comprender el por qué de los efecto a largo plazo con lo cual también comprenderás el por qué estoy planteando que la esclavitud no es solamente en el área física, porque en tal caso, según la historia, la esclavitud fue abolida hace muchos años; sin embargo el que se aprovechó de las marcas en el alma por la esclavitud en el cuerpo, fue Satanás haciendo uso de toda su artimaña, razón por la cual **la única forma de ser libres es por medio de la verdad, por medio de Jesús**.

Obviamente que mientras estés en la Tierra, la batalla será constante, razón por la cual es necesario que haya un examen acerca de las actitudes que puedas tener y saber si de pronto existe algún vestigio de esclavitud, lo cual es detectable de la siguiente manera:

1. Por tus actitudes.
2. Por tus orígenes.
3. Por tus prácticas habituales.
4. Por tu forma de pensar.
5. Por tu forma de vivir.
6. Por la dieta alimenticia en lo material.

Por los puntos que enumeré y aun más cosas, son las que inciden en tu diario vivir y quizá eso sea lo que te esté llevando a tener actitudes negativas que no son del agrado de Dios.

LA ESCLAVITUD PRESENTE

También debes saber que si bien es cierto que hubo una fecha de emancipación de la esclavitud alrededor del mundo en términos generales; hoy día hay más esclavos en el mundo que cualquier otro tiempo en la historia. Las cifras movidas por este segmento en el mundo, oscilan entre 20 y 36 millones de personas bajo esclavitud física, no puedo referirme así a los que fueron esclavos físicos y aun tienen problemas en su alma porque es otro nivel d esclavitud quizá más fuerte que en lo físico.

Las prácticas de la esclavitud moderna incluyen las siguientes áreas:

1. **La esclavitud por deudas:** personas que necesitan estar endeudadas para sentirse bien.
2. **La esclavitud por servicio doméstico:** personas que entraron a un hogar para prestar su servicio doméstico y nunca más salieron de ese hogar.
3. **La esclavitud para adopciones:** personas que se prestan a tener el proceso de maternidad y al dar a luz entregan a los niños o niñas.
4. **La esclavitud para convertirlos en niños soldados:** niños que son criados con mentalidad terrorista.
5. **La esclavitud para el tráfico de personas:** secuestran personas para venderlas en otros continentes y son explotados en prostíbulos; regularmente tomados de países tercermundistas para ser llevados a países del primer mundo bajo esa esclavitud.
6. **La esclavitud para el matrimonio forzado:** personas que son obligados a contraer matrimonio por conveniencia

familiar, por cuestiones de herencias o sociedades mercantiles.

La Esfera de La Esclavitud

Sea literal o espiritual, es la misma motivación, es decir, no importa si la esclavitud es ilegal, pero es útil para los sistemas opresores porque los habitantes de los mundos dejan ver las condiciones de vida.

CATEGORÍAS DE LOS PAÍSES DEL MUNDO

PRIMER MUNDO: Los países que han logrado un alto grado de desarrollo humano, incluye a Canadá, Australia, Nueva Zelanda, Alemania, Suiza, Francia, España, Portugal, Escandinavia y Reino Unido.

SEGUNDO MUNDO: Actualmente se considera segundo mundo a los países que son economías emergentes, entre ellas: Rusia, China, India, Brasil.

TERCER MUNDO: Los países subdesarrollados o en vías de desarrollo: Centro América, Sur América y parte del continente africano.

CUARTO MUNDO: Se refiere a Zambia, Costa de Marfil, Haití, Guinea, Sudán, Etiopía, entre otros.

Los países en estado de marginalidad absoluta del mundo; dentro de esta categoría pueden encontrarse: ancianos desamparados, viudas y madres sin medios económicos, niños abandonados, explotados o prostituidos, marginados sociales, personas sin hogar y mendigos, personas sin protección.

QUINTO MUNDO: El mundo de esclavos física y espiritualmente. Sin principios, sin valores, sin derechos ni responsabilidades, bajo el dominio de un sistema.

La Esclavitud Bíblica

Una vez vista esa clasificación de esclavitud del mundo, ahora es necesario hacer un análisis de los esclavos dentro del pueblo de Dios, la Iglesia:

1. **Esclavos de deleites y placeres (Tito 3:3).**
2. **Esclavos de la corrupción (2 Pedro 2:19).**
3. **Esclavos engendrados (Gálatas 4:24).**
4. **Esclavos de apetitos (Romanos 16:18).**
5. **Esclavos del pecado (Romanos 6:20).**
6. **Esclavos de impureza y de iniquidad (Romanos 6:19).**
7. **Esclavos de deudas (Proverbios. 22:7).**

La Esclavitud Física
(el secuestro del propio hábitat)

Lo primero que sucede cuando se está dando lugar a una esclavitud, es el secuestro del territorio de aquella persona; un ejemplo lo puedes ver con los africanos que fueron secuestrados de su propio continente para ser llevados por todo el mundo, aunque quizá donde más enfatizó la esclavitud de esa raza, fue en Estados Unidos de América donde fueron llevados en barcos y al desembarcar lo hacían encadenados, atados después que ellos mismos habían remado durante todo el camino por la misma razón que habían sido secuestrados en calidad de esclavos.

Una vez en tierra estadounidense, eran puestos a trabajar para toda clase de trabajos duros, cualquier cosa que sus amos querían que hicieran, lo tenían que hacer aunque fuera contra su voluntad porque todo era por abuso una vez que estaban fuera de su hábitat, de su territorio, de su dimensión. Por eso mismo fue que Jesús les dijo a los judíos que el esclavo no permanecía en su casa.

En lo espiritual, el pecado o todo aquello negativo en la vida de una persona, lo que busca es que la persona salga de su hábitat para que al estar en otro ambiente pueda ser más fácil de moldear su mente para seguir siendo esclavo hasta destruirlo.

Por eso el cristiano que está sumido en el pecado, no siente el deseo de congregarse, no desea buscar a Dios para alabar y adorarlo, no desea tener comunión con Dios bajo ningún aspecto o punto de vista; de tal manera que sin la constante instrucción de Dios ni revelación que El pueda ministrar, es más fácil para las tinieblas hacer caer a una persona en cualquier esclavitud, incluso haciéndoles creer que pueden seguir haciendo su voluntad pero al estar fuera de Dios, no pueden discernir cuál es su verdadera condición espiritual como sucedió con Israel.

¿Qué es Esclavitud?

Para tener una idea más clara a este respecto, aunque es tomado de diccionarios seculares, puedo decir en pocas palabras que es el uso excesivo en los siguientes aspectos:

1. Opresión.
2. Abuso.
3. Dominio.
4. Servidumbre.
5. Yugo.
6. Explotación.
7. Despotismo.
8. Tiranía.

La esclavitud física, según el Diccionario Webster's, lleva la operación de la animalización; es como decir que una persona esclava, la convirtieron en animal.

LA ANIMALIZACIÓN DE LA ESCLAVITUD

Según el mismo Diccionario Webster's, dice lo siguiente:

1. Animal es cualquier otro organismo que no sea un ser humano.
2. Una persona degradada o inhumana.

Esto permite ver que la persona que es un esclavo, le han trabajado su mente para hacerle creer que no es un humano, consecuentemente la carga de trabajos que puede llevar es desmedida porque es considerado un animal; de aquí entonces el por qué la esclavitud es considerada una ciencia diabólica. Cuando alguien ha sido degradado lo desconectan de su fundamento y en ese proceso se desprende el núcleo de su humanidad o lo mismo que le brinda su valor como persona, dañándole así su autoestima porque entonces puede reflejar un complejo de superioridad o inferioridad lo cual es como un sinónimo de esclavitud.

Ahora bien, para que haya esclavitud, se necesita de 2 tipos de personas bajo la misma ideología:

MAYORDOMOS Y CAPATACES

Éxodo 3:7 (BLA) Yavé dijo: "He visto la humillación de mi pueblo en Egipto, y he escuchado sus gritos cuando lo maltrataban sus **mayordomos** (**NAGAS**). Yo conozco sus sufrimientos…

Éxodo 1:11 (LBA) Entonces pusieron sobre ellos **capataces (SAR)** para oprimirlos con duros trabajos. Y edificaron para Faraón las ciudades de almacenaje, Pitón y Ramsés.

¿Por qué es importante conocer la diferencia entre **mayordomo** y **capataces**?

Observa la diferencia:

1.- MAYORDOMO - NAGAS

Es el fabricante de esclavos y produce las marcas físicas en el cuerpo de esclavos, somete bajo tortura, ejerce violencia y constante manipulación.

NAGAS

Un esclavista, verdugo que golpea, tortura, que fabrica esclavos con temor, violencia.

Básicamente el trabajo del mayordomo era cambiar el aspecto físico de una persona normal a esclavo o sea, lo mismo de haber maltratado y dejado marcas que hagan la diferencia de una persona libre a una que vive bajo opresión o esclavitud lo cual a su vez, permitía que su cuerpo fuera adoptando una fuerza anormal porque pasaba de ser humano a inhumano y luego a muerte porque la carga a la que eran sometidos era ilimitada; el mayordomo lo que buscaba era usar al esclavo hasta que lo viera muerto, entonces lo dejaba descansar.

2.- CAPATACES - SAR

Es el que entrena como un maestro de esclavitud, rompe la voluntad y el espíritu del esclavo de la misma forma que se entrena un caballo, siendo esta característica el hecho de romper su voluntad para que haga lo que se le ordene.

SAR

Jefe que da ordenes y dice qué hacer y cómo hacerlo, maestro de esclavos que entrena. El capataz era el que formaba esclavitud en el interior de una persona; podría decir que formaba en otros, una identidad de quién era capataz en su conciencia para que a su manifestación, respondieran como esclavos y que dependiera de su capataz para hacer cualquier cosa.

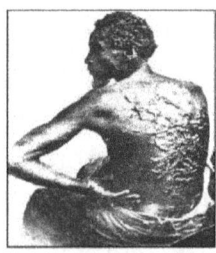

Por eso, cuando una persona está ministrando negativismo a otra; lo que le dice es que no logrará alcanzar sus objetivos, no será alguien con éxito en la vida, será un perdedor en todo, etc., eso es lo que ministra un capataz. Por eso debo insistir en que la esclavitud es una ciencia diabólica que hace esclavos por fuera y por dentro, de manera que pueda servir a la voluntad de otros, hacer imperios que nunca gozará, riquezas que no disfrutará como sucedió con los hebreos cuando fueron usados para construir las ciudades del Faraón, Pitón y Ramsés:

Éxodo 1:11 (LBA) Entonces pusieron sobre ellos capataces para oprimirlos con duros trabajos. Y edificaron para Faraón las ciudades de almacenaje, Pitón y Ramsés.

Un esclavo es alguien que entró en el proceso llamado animalización, para desconectarlo de su naturaleza, de su núcleo y que viva llevando en su mente y en sus hormonas, efectos bioquímicos, de tal manera que puede ser detectado por el olor que transpire porque su comida también contribuye a lo que fue llevado desde el momento de su secuestro para esclavizarlo.

La Esclavitud Psicológica

Como puedes ver, parecería que la esclavitud es una situación que se puede detectar tan fácilmente, sin embargo existen diferentes niveles y clases de esclavitud; ahora puedes ver que además de la esclavitud física, lo cual envuelve muchas cosas; también existe la esclavitud psicológica.

Éxodo 1:14 (LBA) ...y les amargaron la vida con dura servidumbre en *hacer* barro y ladrillos y en toda *clase de* trabajo del campo; todos sus trabajos se los **imponían con rigor**.

La esclavitud física es apoyada con la operación psicológica y de ahí se enraíza en la parte biológica, hormonal, genética, etc., pero la esclavitud psicológica tiene una fuerte incidencia por los tratos recibidos durante el desarrollo de una persona, siendo específicamente por abusos físicos, sexuales, etc.

Otro punto que debes notar en todo esto es que el maestro de esclavos domina interiormente poniendo así marca en la mente y el espíritu. Un maestro de esclavo es una persona que ha estudiado el espíritu, el alma y la psicología de un sujeto con el fin de dominar los principios de funcionamiento internos que realmente hace que la persona quede marcada interiormente con cicatrices más profundas que las físicas.

Un ejemplo muy práctico a este respecto, puedo citarlo en familias donde los padres carecen de una dirección espiritual hacia sus hijos y lejos de tener una relación de padres e hijos; es más un despotismo, de tal manera que los hijos viven con miedo hacia los padres y tiene una respuesta inmediata a sus voluntades pero por el esclavismo que han formado en ellos, se ha formado una atmósfera de miedo que difícilmente permitirá que los hijos e hijas se desarrollen adecuadamente.

Por eso, una persona que ha nacido en un hogar que vive bajo el estigma del miedo, es más fácil esclavizarlo porque Satanás podrá detectar ese ambiente y consecuentemente lo aprovechará para utilizar a otra persona que pretenda ser dominante con el propósito de esclavizar a otros.

Claro que para llegar a estos extremos es porque hubo una especie de estudio de la personalidad de una persona para convertirlo en esclavo, dominar su mayor potencial en el alma para moldearlo a lo que la persona dominante quiere y una vez que logra encontrar esa debilidad, se proyecta al máximo para ejercer entonces esa esclavitud psicológica la cual no es solamente en las familias, sino también en centros de estudio, lugares de trabajo, etc.

LA FABRICACIÓN DE UN ESCLAVO

Este proceso tiene lugar cuando quiebran la voluntad de la persona; es lo más dañino que puede pasar porque entonces la otra persona, sistema, gobierno o el diablo, quiebra la voluntad, un ejemplo, es lo que sucede con los caballos en pleno entrenamiento; les quiebran su voluntad para que obedezcan sin oportunidad a oposición alguna ante las ordenes que reciben de sus amos.

LA ESCLAVITUD Y EL ROMPIMIENTO DE LA VOLUNTAD

Cuando se está domando un caballo, se dice que le están quebrando la **VOLUNTAD** para hacerlo esclavo, lo mismo sucede al humano que es sometido a la esclavitud. Estoy insistiendo en esto porque es un claro ejemplo de lo que sucede con la persona que se convierte en esclavo:

1. Se le quiebra la voluntad al infligir un pequeño dolor e incomodidad sin quebrar su espíritu.

2. Sin embargo, si el caballo manifiesta resistencia a su domador y este es mal entrenador, aumentará el dolor sobre el caballo hasta bajarle los niveles de energía lastimándolo en las áreas más sensibles para obligarlo a que obedezca.

3. Cuando al caballo le bajan los niveles de energía, el siguiente paso será quebrarle su espíritu pero ya no tendrá voluntad ni espíritu y no tendrá fuerzas ni servirá para nada.

4. La esclavitud se da en ciclos repetitivos por la influencia psicológica de las palabras, los planes y el abuso que produce el fabricante de esclavos. De ahí entonces que muchas personas tienen miedo a entablar una conversación, enfrentar a una autoridad sea quien sea (pastores, maestros de escuela académica, jefes de trabajo, etc.); por la influencia psicológica negativa que recibieron desde niños. Obviamente que es diferente el hecho de ser sujeto y respetuoso ante las autoridades, y otra cosa es el miedo que se pueda manifestar cuando esa persona está frente a su autoridad.

Nadie puede hacer que a través del orgullo y/o arrogancia, manifieste toda ausencia de miedo, porque en tal caso es esclavo del orgullo y/o arrogancia, incluso de rebelión. Por eso es vital el hecho que haya libertad interior y que sean rotas las cadenas que puedan estar dominando en el alma y aprender a llevar una vida plena disfrutando todo lo que esté en el orden de Dios.

Los Efectos de La Esclavitud Espiritual

Capítulo 2

Empezaré formulando la interrogante: **¿qué hace esclava a una persona?** Para que tengas una idea clara y práctica a este respecto, dejaré 2 respuestas:

1. Un esclavo es una persona bajo los límites manipuladores de otro, usando artimañas cuidadosamente preparadas, para ejecutarlas y mantener así el dominio sobre otra persona o varias.

2. Es un método, es un ciencia y por eso he titulado estos estudios **la ciencia diabólica de la esclavitud**.

Por eso el propósito de este libro es que aprendas a descifrar cuidadosamente el código de los métodos de la esclavitud moderna o actual, porque debes saber que si bien es cierto que los tipos de esclavitud que se dieron en la antigüedad, podrían estar teniendo lugar hoy mismo; también es necesario alertar tu vida para que las artimañas de las tinieblas no logren traspasar tus limites y que deliberadamente estés siendo esclavo de cualquier situación y que no lo estés percibiendo.

Esta situación tiene lugar precisamente porque es una ciencia diabólica que se ha tomado el tiempo necesario de estudiar las áreas débiles por dónde puede entrar y crear una especie de telaraña que, sin importar que en el inicio sea endeble, al pasar los años, cobre resistencia esclavizando así a cualquier persona; de ahí entonces que los períodos de esclavitud que pudiste aprender en el capítulo anterior, son no menores a 300 años, obviamente que no hay punto comparativo de una nación con una persona, sin embargo la forma de engaño y ataque, en cuanto a estrategia, puede ser la misma porque al final lo que las tinieblas pretenden es destruir.

La Promesa de Libertad

No obstante, también debes recordar que Dios dejó por escrito muchas promesas a tu vida, aunque también puede recordarte o prometer a tu vida hablando por medio de una profecía; pero en ese punto quiero traer a tu memoria una de las promesas de libertad que están escritas en la Biblia:

Jeremías 30:8-9 (LBA) "Y acontecerá en aquel día" -- declara el SEÑOR de los ejércitos -- "que quebraré el yugo de su cerviz y romperé sus coyundas, **y extraños no lo esclavizarán más**, ⁹ sino que servirán al SEÑOR su Dios, y a David su rey, a quien yo levantaré para ellos.

Puedo comprender que esa es una profecía que originalmente fue entregada a Israel en el momento cuando fueron llevados en cautiverio a Babilonia y el Profeta Jeremías fue el vaso que Dios usó para hablarle a Su pueblo; pero es interesante lo que ahí dice por la diferencia que oportunamente he enseñado, entre **el esclavo y la cautividad**; sin embargo debes saber que la cautividad también es una ciencia que la ejecuta el sistema de Babilonia, aunque el período de cautividad fue de 70 años, según la historia, pero lo que deseo resaltar en eso es que la cautividad fue el efectivo secundario a consecuencia de la esclavitud que vivió Israel por 400 años.

Esto es importante que lo puedas notar, porque cuando una nación cae en esclavitud, tiene un efecto secundario de cautividad aunque se le hayan roto las cadenas físicas o espirituales de aquella esclavitud. Con eso puedes ver que la ciencia de la esclavitud hace tanto daño y codifica al ser humano en los perfiles de la esclavitud que describiré más adelante, que cuando se rompió la esclavitud en Israel, ellos siguieron pensando como esclavos aunque ya habían dejado la tierra en la que vivieron en calidad de esclavos.

Definición De Esclavitud

La esclavitud puede definirse como una persona que tiene en mente las viejas ideas, planes y la voluntad del viejo esclavo tradicional, a pesar que ya no existe la esclavitud literalmente porque ya fue emancipada.

Entonces, cuando una persona que ha sido libertada, sigue con pensamientos de su antigua forma de vivir; es porque permanece cautiva, su alma sigue aprisionada al punto que en determinado momento podría incluso sentir los grilletes que la tuvieron esclava.

Breve Historia del Fabricante De Esclavos

En Estados Unidos de América, vivió un personaje llamado William Lynch, considerado un creador de esclavos.

- El ya no existe sobre la Tierra, pero hasta el día de hoy sus estrategias continúan haciendo estragos en una raza específica, es decir la raza africana.

¿Por qué es importante mencionarlo?

- Porque a Israel le sucedió lo mismo, fueron esclavizados durante 400 años con la estrategia del sistema del Faraón de Egipto y las consecuencias les persiguieron hasta el desierto incluso hasta la tierra prometida durante muchísimos años después.

- Tú como creyente, debes tener la convicción que Cristo te hizo libre, sin embargo existen cristianos que después de muchos años de conocer la salvación, aun continúan sufriendo estragos de la esclavitud pasada.

Concepto De Ciencia

Quizá te preguntarás por qué digo que la esclavitud es una ciencia; para lo cual describiré lo que dice el diccionario secular respecto a lo que es **ciencia**:

- Es una serie de conocimientos neutrales y comprobables acerca de un tema específico. El concepto de ciencia se extiende en todas las ramas de las diferentes áreas o campos del conocimiento, donde los especialistas llevan a cabo distintos estudios y observaciones, implementando el **método científico**, para que de esta manera se pueda lograr alcanzar nuevos conocimientos certeros, irrefutables, válidos y objetivos.

Con esto puedes ver entonces que William Lynch enseñó lo que funcionalmente podía comprobar porque lo había practicado, a Lynch lo importaron de otro continente donde se había impuesto con sus ideales para ejercer dominio sobre otros, específicamente lo había hecho sobre la raza africana.

De tal manera que cuando la gente pudiente de la antigüedad compraba esclavos, los querían tener totalmente sojuzgados sin temor a que les perdieran el control al no estarlos viendo constantemente; necesitaban anularles la idea de una libertad aunque no estuvieran encadenados y que si bien es cierto que los habían esclavizado y preferían la raza africada por su fuerza física, también querían que sus virtudes estuvieran totalmente a la orden de sus amos; fue en ese momento cuando Lynch cobró fama por el método científico que usó para hacer cautiva a la persona a quien tenía en calidad de esclava, y eso mismo fue lo que enseñaba.

El método utilizado por Lynch fue tan fuerte en el alma de la gente, principalmente en la raza africana, que en la actualidad se tiene el conocimiento del sufrimiento almático de ellos con repercusiones en sus cuerpos por la dieta que llevan o su modo de vida porque es lo que han recibido en calidad de herencia; William Lynch tenía la ciencia de la esclavitud en práctica para que al momento en que un africano tuviera descendencia, automáticamente recibiera lo mismo que habían recibido sus ancestros; dicho en otras manera, para que todo el trabajo de esclavitud hecho en una generación, no hubiera necesidad de repetirlo a sus descendientes, sino que trascendiera en forma automática y no perdieran tiempo en repetir todo el proceso; lo cual fue algo diabólico.

Debo insistir en el comparativo con el pueblo de Israel cuando salieron de Egipto, porque los que empezaron a caminar en el desierto no llegaron a la tierra prometida, pero sus descendientes si, el problema es que llegaron con aquella herencia de esclavitud; es más, muchos años después de haber llegado a la tierra prometida, aun para los días del Señor Jesucristo en la Tierra, ellos aun estaban padeciendo los estragos de aquella esclavitud que tuvieron en Egipto.

Los Ángulos De La Esclavitud

Los ángulos ocultos de la esclavitud pasada, aun hoy día pueden verse afectando a creyentes que quizá tengan muchos años de andar en el evangelio del Señor Jesucristo, la razón es porque es una ciencia debidamente integrada para que dañe el alma de la gente y que a su vez sea heredada de generación en generación; pero nota que estoy haciendo énfasis en el daño del alma; quizá no haya grilletes físicos, pero sí en el alma, haciendo con esto entonces que los factores psicológicos, mentales y espirituales no sean rotos por dentro.

¿CUÁLES SON LOS ÁNGULOS DE LA ESCLAVITUD?

La ciencia de la esclavitud es entonces la que permite que se prolongue por milenios y alcance a muchas generaciones, y sólo conociendo la verdad se pueden romper esas situaciones y ser libre verdaderamente. Dejaré plasmada nuevamente la cita base de la cual estoy partiendo para vislumbrar muchas cosas que debes aprender:

Juan 8:31-36 (LBA) Entonces Jesús decía a los judíos que habían creído en Él: **Si vosotros permanecéis en mi palabra, verdaderamente sois mis discípulos;** [32] **y conoceréis la verdad, y la verdad os hará**

libres. ³³ Ellos le contestaron: Somos descendientes de Abraham y nunca hemos sido esclavos de nadie. ¿Cómo dices tú: "Seréis libres"? ³⁴ Jesús les respondió: En verdad, en verdad os digo que todo el que comete pecado es esclavo del pecado; ³⁵ y el esclavo no queda en la casa para siempre; el hijo *sí* permanece para siempre. ³⁶ Así que, **si el Hijo os hace libres, seréis realmente libres**.

Como puedes notar en esta cita, los israelitas habían sido esclavos por tanto tiempo que, ni siquiera lograban discernir su verdadero estado, para ellos era normal vivir bajo un régimen que les estuviera diciendo qué debían hacer y cómo hacerlo y la razón de la prolongación de la esclavitud se debe a que es un sistema que abarca y crea estragos en los siguientes ángulos:

LA CIENCIA ARCAICA Y DIABOLICA DE LA ESCLAVITUD

PSICOLÓGICO | NEUROLÓGICO | BIOQUÍMICO | BIOLÓGICO | GENÉTICO | ESPÍRITUAL | HORMONAL | CONCIENCIA

Esto es lo que las tinieblas han utilizado en contra de cualquier persona para prolongar la esclavitud por siglos, obviamente que cuando cae sobre la Iglesia de Cristo, el ataque puede ser más fuerte porque en el momento que conoces a Jesús y lo dejas entrar a tu vida, la posibilidad de libertad empieza a crecer, es entonces cuando todo el arsenal diabólico se levanta en contra del cristiano, pero **hay una verdad que siempre prevalecerá, me refiero a la libertad en Cristo Jesús**.

Es importante que consideres todo esto porque, si aun eres soltero o soltera, puedes trabajar en pos de alcanzar la verdadera libertad en Cristo Jesús y gozar de esa vida a la cual Dios te llama y que una vez tus genes seas libertados, contraigas matrimonio y tengas descendientes, ellos y ellas tengas el privilegio de Dios de nacer libres.

Sin embargo, podría ser que ya tengas familia y que a estas alturas de tu vida no supieras de toda esta situación; entonces puedes trabajar en pos de enseñarle a tus hijos e hijas que tienen oportunidad de ser verdaderamente libres al conocer a Jesús y permitirle entrar en sus corazones para que El sea su Señor y Salvador de sus vidas y que entonces haya una oportunidad para la tercera generación, o sea tus nietos, y que ellos puedan nacer libres.

Recuerda que, partiendo de los ángulos de la esclavitud que te mostré; ese efecto puede estar enraizado en tus genes si un aun no has trabajado en pos de la verdadera libertad.

Los Efectos De La Esclavitud Espiritual

Puedo decir que los perfiles de la esclavitud se encierran en 2 tiempos:

1. **La esclavitud:** esta lleva implícita la ciencia diabólica de la esclavitud, es el manual principal, es la base de la transformación de un ser humano, hacia el carácter de una animalización.

2. **La cautividad:** esta es la que permite que afloren los perfiles de la esclavitud a largo tiempo aunque no en lo físico, sino en el alma lo cual hace que la persona piense y viva como un esclavo.

De aquí entonces puedo ver el por qué Jesús enfatizó la importancia de conocer la verdad y avanzar en esa verdad para ser realmente libres; no basta con conocer la verdad, sino que debes caminar en pos de esa verdad para que realmente seas libre.

Esclavitud y Cautividad

- **En la esclavitud**, la entidad es el Faraón y la operación como tal es Egipto (**Éxodo 1:8-14**).

- **En la cautividad**, la entidad es Nabucodonosor y la operación se como tal es Babilonia (**Daniel 1:3-7**).

SIGNIFICADO DE ESCLAVITUD

Aprisionado en paredes, con cadenas, con verdugos y sin tener oportunidad de escapar, en servidumbre.

- **La esclavitud** es operar con la fuerza contra su víctima para que no se vaya.

- **La esclavitud** hace prisionera a una persona.

A estas alturas de la lectura de este libro, es obvio que estás interesado en prepararte para el encuentro con el Señor Jesucristo, estás ocupándote en esa preparación integral, en todo lo que a ti respecta para llegar al nivel en el que sólo Dios puede perfeccionarte, porque al estar en esa frontera entonces El terminará la obra que inició en ti.

Lamentablemente existen personas que no les interesa saber que el diablo está constantemente trabajando sutilmente en contra de sus vidas, poniéndoles ataduras, esclavizándolas de una u otra forma, no les importa ser protagonistas de las bodas del Cordero porque el que es esclavo de cualquier situación espiritual, no participará en el arrebatamiento.

Puedo comprender que de pronto exista personas que están peleando constantemente en contra de aquello que los tiene esclavizados al pecado; esas situaciones dejaron de ser su deleite, sin embargo aun los tiene esclavizados; eso es totalmente diferente y considero que es por eso que Dios pesa los corazones y sabrá cómo obrar en cada vida.

Sin embargo, me llama la atención que la Biblia dice claramente que lo que vivió Israel es un claro ejemplo y que sirva de advertencia de lo que puede vivir la Iglesia en el final de los tiempos que actualmente se vive, **¿cómo es que a muchos cristianos no les importa llevar una vida religiosa en lugar de una vida verdaderamente espiritual?**

Faraón siendo una entidad diabólica de aquel tiempo, les estaba impidiendo a los israelitas salir de la tierra; eso mismo es lo que hoy está sucediendo, puede ser que el diablo esté esclavizando para impedir que la Iglesia suba de la Tierra, sinónimo de dejar de participar en el arrebatamiento. Observa cómo lo dice claramente en el Antiguo Testamento:

Éxodo 1:10 (LBA) Procedamos, pues, **astutamente** con él no sea que se multiplique, y en caso de guerra, se una también con los que nos odian y pelee contra nosotros y **se vaya de la tierra**.

Ahora observa este traducción que lo dice de una forma un poco más claro:

Éxodo 1:10 (AMPLIFICADA) Ven, tratemos con **astucia** con ellos, para que no se multipliquen más y, en caso de que la guerra nos suceda, se unan a nuestros enemigos, luchen contra nosotros y **escapen fuera de la tierra**.

Quizá te preguntes qué relación tiene ese versículo con la Iglesia; observa estos versículos pero también considera que la palabra **ASTUCIA** que resalté, la puedo señalar como una forma estudiada de tratar a los israelitas, lo hicieron con ciencia para esclavizarlos:

1 Corintios 10:11 (LBA) Estas cosas les sucedieron como ejemplo, y fueron escritas como enseñanza para nosotros, para quienes ha llegado el fin de los siglos.

1 Corintios 10:11 (NTV) Esas cosas les sucedieron a ellos como ejemplo para nosotros. **Se pusieron por escrito para que nos sirvieran de advertencia** a los que vivimos en el fin de los tiempos.

1 Corintios 10:11 (AMPLIFICADA) Ahora estas cosas les sucedieron por medio de **una figura [como un ejemplo y advirtiéndonos]; fueron escritos para amonestarnos y capacitarnos para la acción correcta mediante una buena instrucción**, en cuyos días las edades han alcanzado su clímax (su período de consumación y conclusión).

Entonces no puedes dejar pasar por alto la amonestación que Dios está permitiendo hoy para hacerte reflexionar, aunque como ya te lo señalé, si has llegado a este nivel de la lectura de este libro, es porque estás interesado en ser realmente libre por el poder de Dios y viviendo un modo de vida de acuerdo a la voluntad del Señor Jesucristo y guiado por el Espíritu Santo.

CARACTERÍSTICAS DE LA ESCLAVITUD

- En Egipto habían cadenas.
- En Egipto habían capataces.
- En Egipto había que laborar desde la salida del sol, hasta el ocaso con una gratificación pequeña.
- En Egipto a los israelitas les decían cuándo levantarse y cuándo ir a dormir.
- En Egipto no podían ir donde querían y/o tener placer de lo que querían.

SIGNIFICADO DE CAUTIVIDAD

Mente inducida, sin cadenas, sin verdugo pero oprimido por largo tiempo para que no se vaya por sí mismo, con la puerta abierta para escapar pero sin poder irse.

- La cautividad es operar sin fuerza contra la víctima pero sin poder defenderse.

- En la cautividad lo que se usa es la propia fuerza del cautivo para que no escape y es la costumbre o acostumbrarse al cautiverio por lo que se lleva en el alma.

- Cautividad es tener la puerta abierta para escapar de la opresión de otra persona pero el cautivo no se quiere ir por la costumbre de los malos tratos.

- La cautividad hace prisionera a la mente.

- La cautividad forma una imagen en la persona.

- Una de las artimañas de la cautividad es mantener en ignorancia a la persona acerca de su cautiverio, hacerle creer en todo momento que sigue en esclavitud porque si llega a alcanzar conocimiento del cautiverio, será imposible para Babilonia retener a ninguno.

CARACTERÍSTICAS DE LA CAUTIVIDAD

Por otro lado Israel, en otro tiempo cayó en cautividad del imperio de Babilonia por 70 años donde no había esclavitud como en Egipto, porque el daño estaba hecho en la mente:

1. No había cadenas.

2. No había capataces.

3. Puede haber placer.

4. Puede haber comodidad.

LOS EFECTOS SECUNDARIOS DE LA CAUTIVIDAD

1. La cautividad es operar sin fuerza contra la víctima, pero sin poder escapar.

2. En la cautividad lo que se usa es la fuerza del cautivo para que no escape porque es por costumbre, quizá nació en cautiverio y no ha conocido la libertad y prefiere seguir cautivo y no enfrentar lo desconocido aunque signifique libertad, bendición de Dios.

3. Cautividad es tener la puerta abierta para escapar pero el cautivo no se quiere ir.

4. La cautividad hace prisionera a la mente.

5. La cautividad forma una imagen en la persona.

Es interesante que cuando Israel salió de Egipto, Faraón tenía la seguridad de lo que había trabajando en la mente de aquella gente:

Éxodo 14:3 (LBA) Porque Faraón dirá de los hijos de Israel: "Andan vagando sin rumbo por la tierra; **el desierto los ha encerrado.**"

Esto era como decir que Israel no sabía qué hacer con su libertad y se quedarían estancados sin poder avanzar; Faraón tuvo esa idea sin saber que cuando Dios liberta y esa persona se aferra de la libertad que solamente Él puede brindar, no hay quién o qué lo detenga.

La Esclavitud Destrucción Del Legado

¿Qué fue destruido a través de la mentalidad de esclavos?

1. Los africanos tenían una constitución fuerte como pueblo, estaban debidamente estructurados con leyes que los dirigiera en determinado momento. Además recuerda que una ley se emite porque existen los CONSIDERANDOS, entonces una ley evita caer en problemas cuando esta se respeta.

2. Tenían una profunda estructura tribal, era un pueblo debidamente organizado.

3. No tenían mentalidad de esclavos, ni siquiera sabían qué significaba el ser esclavos.

4. Eran expertos guerreros, tenían carácter de valentía.

5. En sus tribus eran hijos, príncipes y reyes, por consiguiente no entraba la idea de esclavitud de otros o de otro. Quizá no todos eran reyes ni príncipes, pero al ser hijos se les concedían privilegios, derechos y responsabilidades que los hacia sentir que eran parte de un núcleo familiar.

LES ENSEÑARON A SER ESCLAVOS

A través de quebrantarles su mente con tortura psicológica y golpes físicos y trabajos forzados, pasaron de ser todo lo que ya describí, a grupos muy pequeños causando así que en la actualidad en África se habla más de 400 dialectos a consecuencia de las divisiones a las que fueron sometidos.

Éxodo 1:12-14 Pero cuanto más los oprimían, más se multiplicaban y más se extendían, de manera que los egipcios llegaron a temer a los hijos de Israel. **¹³** Los egipcios, pues, obligaron a los hijos de Israel a trabajar duramente, **¹⁴** y les amargaron la vida con dura servidumbre en hacer barro y ladrillos y en toda clase de trabajo del campo; todos sus trabajos se los imponían con rigor.

Parecería que lo mismo que dice esta cita, fue lo que adoptó William Lynch sobre los africanos, porque entonces enseñó a los norteamericanos blancos a hacer esclavos y a que se mantuviera el sistemas de esclavitud de 400 a 1000 años.

William Lynch y Su Libro Cómo hacer un Esclavo

En una colonia del estado de Virginia, en 1712, durante el período en que la esclavitud era legal, se realizó una asamblea de la comunidad de los que habían comprado esclavos, pero desconocían el sistema para tenerlos sojuzgados bajo esa esclavitud.

Invitaron a William Lynch a dar una conferencia acerca de la esclavitud. Lynch de origen Británico y dueño de varios esclavos en las Indias Occidentales, procedió a la **catedra** de lo que él hacía y cómo hacía para mantener esclavos a los africanos.

El discurso de esa noche fue publicado en un libro conocido como **La carta de William Lynch: Cómo hacer un esclavo.**

SISTEMA DE PENSAMIENTO

La forma de trabajar a una persona para esclavizarlo, era estableciendo un sistema de pensamientos contrarios a lo que tenían grabados, en el caso de los africanos, hacerles olvidar que eran hijos, príncipes o reyes, que tenían una organización como pueblo, etc., eso lo lograba **GRABANDO EN LAS MENTES EVENTOS DE SUFRIMIENTO DIFÍCIL DE OLVIDARLOS.**

Ejemplos:

1. Fueron secuestrados de su propio continente; eso lo hacía porque era más fácil que se hicieran esclavos al sacarlos de su hábitat. Espiritualmente hablando eso sucede cuando una persona se aleja de Dios, de la Iglesia, de la congregación a la que se ha asistido por mucho tiempo.

2. Las mujeres africanas traídas a América, eran violadas por hombres blancos, dando a luz hijos con el color de piel más clara que

los africanos, incluso con ojos de color claro como verdes, azules, etc.

3. Los hombres africanos eran asesinados delante de sus esposas e hijos, amarrados de sus extremidades hacia 2 caballos que halaban en sentidos contrarios a manera de desgarrarlos.

4. Eso dio lugar a que la mujer africana tomara el lugar del hombre por ausencia del varón.

5. La nueva generación de hombres se hicieron más débiles en el papel familiar, de generación en generación el papel del el hombre es más dócil en carácter y en responsabilidad.

6. William Lynch también enseñó a poner africanos a que supervisaran a otros de su misma etnia, pero no lo hacía bajo ninguna consideración, sino por el contrario, se ensañaba contra su propia gente lo cual hacía que en su momento, esos que fueron maltratados, fueran peores que los anteriores cuando llegaban a supervisar a su propia gente.

7. Esto creó fortalezas mentales en la gente africana hasta el día de hoy y en términos

generales, son la etnia con mayor índice de violencia y con mayor número de reportes de problemas en cualquier círculo de la sociedad. Todo eso es producto de la manipulación que recibieron en sus genes pero no por un tratamiento científico de laboratorio, sino por el sistema que William Lynch impuso en África; esto sin contar que es la etnia con el mayor índice de mortandad, no solamente por violencia en general, sino por una errónea condición alimentaria.

Ahora bien, todo esto es muy interesante como cultura general, pero el punto principal es que puedas ver que la repercusión principal es lo espiritual. Muchos no tienen grilletes físicos pero sí en el alma y siguen siendo esclavos de lo que les heredaron sus ancestros porque no han conocido la verdad de Jesús.

ACTITUDES AFRICANAS INCLUSO HASTA HOY DÍA

Hasta el día de hoy las actitudes de la etnia africana o sus descendientes, reflejan los siguientes males:

1. Odio.
2. Violencia.

3. Racismo.
4. Temores.
5. Venganza.
6. División.
7. Resentimiento.
8. Muerte, etc.

Aun su actitud de violencia manifiesta su descontento con la sociedad al sentirse discriminados y su dieta es la de un esclavo.

LA ESCLAVITUD ESPIRITUAL

Cuando hablo de la esclavitud espiritual, me refiero a la esfera espiritual que controla el ritmo de la vida secular, es decir lo material, lo literal, lo físico y como ejemplo, la economía por la fuerza que ejerce en abundancia o escases.

Los Perfiles de La Esclavitud

Las tácticas de control y los efectos espirituales:

Entre los estragos de la esclavitud interior, los afectados batallan con algunas cosas, por ejemplo:

1. Creyentes con una economía en quiebra.
2. Eso los hace esclavos del tiempo.

Alguien en quiebra económica quiere utilizar su tiempo libre en tiempo de trabajo para salir del estado económico en el que se encuentra, lo cual lo hace esclavo del trabajo. Lamentablemente es el estatus de muchos cristianos que incluso, el tiempo de Dios, cuando deberían estar adorando al Señor Jesucristo y congregarse para ese efecto; están trabajando, dejan de adorar a Dios para adorar al dios mamón.

3. Controlados en su destino.
4. Controlados en su dinero.

La esclavitud de la economía es parte de la ciencia diabólica de la esclavitud que intenta afectar a largo plazo el desarrollo económico y la seguridad del creyente.

La Agenda del Espíritu de Egipto

Para efectos de la esclavitud que puede significar en la economía, tomaré nuevamente la palabra capataces y su sinónimo, observa lo siguiente:

Éxodo 1:11 (LBA) Entonces pusieron sobre ellos **capataces para oprimirlos con duros trabajos**. Y edificaron para Faraón las ciudades de almacenaje, Pitón y Ramsés.

Ahora el mismo versículo el diferente versión:

Éxodo 1:11 (R60) Entonces pusieron sobre ellos **comisarios de tributos que los molestasen con sus cargas**; y edificaron para Faraón las ciudades de almacenaje, Pitón y Ramesés.

Según el Diccionario Strong, viendo la palabra **Capataces**, bajo el código **#4522** significa:

1. Cobrador de tributo, impuesto, capataces (les cobraban lo poco que ganaban).
2. Servicio forzado.
3. Que cobra impuestos.

Significa oprimir con crisis económica.

- Era un ataque a la economía.
- Es lo mismo que trabajar duramente y que no alcance el dinero.
- Los comisarios de tributos controlaban todo en los israelitas.

Éxodo 1:13 (LBA) Los egipcios, pues, obligaron a los hijos de Israel a trabajar duramente...

SOLUCIÓN:

1. Darle a Dios en amor lo que le corresponde para que no lo tome el Faraón.

2. Pedirle perdón a Dios por la mala administración y luego sabiduría para reiniciar.

- El espíritu de Egipto pretende quedarse con lo que le pertenece a Dios distorsionando la doctrina del diezmo.

- El diezmo es lo único que vence a los comisarios de tributos.

Es muy lamentable que en la actualidad haya mucho pueblo de Dios, cristianos que son esclavos de deudas incontrolables; no trabajan para vivir, sino que viven para trabajar y no gozan del fruto de su trabajo porque la angustia de las deudas los consume. Se han hecho a la idea que no diezman porque no tienen, cuando la realidad es que no tienen porque no diezman; porque si el diezmo entregado a Dios con amor, hace que el devorador sea reprendido, entonces el devorador tendrá que retroceder y empezará una economía sana en el hogar de aquellos cristianos que están viviendo sumidos en deudas.

ESCLAVOS DE LA ECONOMÍA

Proverbios 22:7 (LBA) El rico domina a los pobres, y el deudor es esclavo del acreedor.

2 Reyes 4:1 (LBA) Y una mujer de las mujeres de los hijos de los profetas clamó a Eliseo, diciendo: Tu siervo, mi marido, ha muerto, y tú sabes que tu siervo temía al SEÑOR; y ha venido el acreedor a tomar a mis dos hijos para esclavos suyos.

Parecería normal el hecho de tener deudas porque actualmente ese es el estilo de vida en la mayoría de países, pero es precisamente por la misma razón de la esclavitud; salen de una deuda y de inmediato están a la orden del día para ofrecer aquello que más le atrae a una persona, porque es parte de la función de las redes sociales, saber cuál es la mayor atracción de una persona para atacar su alma por ese ángulo; pero lo mejor es sanar tu economía y blindarla obedeciendo a Dios en amor, trayendo los diezmos al alfolí, es muy importante comprender a dónde se debe llevar el diezmo, es al alfolí porque eso es lo que dice la Biblia.

En **Proverbios 22:7** puedes ver claramente que hay esclavitud en las deudas, peor aun en **2 Reyes 4:1** puedes observar que la descendencia de una persona puede convertirse en el medio de pago de un acreedor haciéndolos sus esclavos.

La Esclavitud Neurológica

LAS NEURONAS

Esto solo se entiende desde la perspectiva genética, más aun, puedo decir que interviene la epigenética, razón por la cual el único que tiene la llave para abrir ese grillete es el Señor Jesucristo. Mientras El no abra esa cárcel o quite ese grillete, no habrá forma de hacerlo, siempre surgirán las mismas interrogantes:

¿De dónde vienen tus batallas?, ¿cuántos años tienes con la misma batalla?

La respuesta y basado en la **EPIGENÉTICA**, es que no comenzaron contigo, solo continuaron, de alguna forma puedo decir que te convirtieron en un periférico que sirvió para una larga carretera familiar que afectará a muchos más si no le pones un alto a esa esclavitud.

Por eso, en cada persona existe la responsabilidad de romper cadenas, primero para poder gozar de la vida en Cristo Jesús a partir del momento en que El abra la puerta de la cárcel que quizá te haya tenido esclavizado; pero también es el momento cuando tus descendientes tendrán la oportunidad de una vida totalmente libre desde que nazcan en la Tierra lo cual sería entonces sinónimo de libertar a una nueva generación de impacto a largo plazo de los estragos familiares.

LA MEMORIA NEURONAL

UN FETO SÍ TIENE MEMORIA

¿Un bebé tiene memoria antes del nacimiento? Un feto puede ver, oír, degustar, aprender y reconocer voces. Desde y entre el sexto y octavo mes de gestación, se establece en los bebés plantillas de memoria que siguen pautas identificables.

El estudio de la memoria dentro del útero realizado por unos investigadores de la Universidad de Maastricht en Holanda, comprobó que los fetos responden a estímulos de sonidos y vibraciones repetidos cada cierto tiempo.

En el estudio se estimuló a los fetos entre 37 y 40 semanas, con sonidos repetidos cada medio minuto a través del abdomen de las madres. La acción fue repetida durante 10 minutos una vez y a las 24 horas por segunda vez.

Los fetos reaccionaban a los estímulos de los sonidos con movimientos en sus piernas y tronco. Estos movimientos fueron repetidos por los bebés al momento de ser estimulados de nuevo, por lo que se concluyó que un feto tiene memoria de corto plazo de 10 minutos aproximadamente y de largo plazo de 24 horas.

Tan sólo con la repetición de movimientos ante estímulos de sonidos, se comprobó que los bebés en período de gestación son capaces de memorizar dentro del útero materno.

En el libro, **La vida secreta del niño antes de nacer,** el psiquiatra Thomas Verny, asegura que además de poder degustar, oír o aprender, los bebés antes de nacer, tienen memoria.

MALTRATO Y ESTRÉS MATERNO

El maltrato sufrido por la madre durante el embarazo, le cambia la genética al hijo. El niño o niña nace sensible al estado anímico de la madre, aunque no lo haya sufrido en forma directamente.

Ezequiel 16:4 (LBA) 'En cuanto a tu nacimiento, el día que naciste no fue cortado tu cordón umbilical, ni fuiste lavada con agua para limpiarte; no fuiste frotada con sal, ni envuelta en pañales.

Estudios dejan ver que el maltrato sufrido por la madre durante el embarazo, tiene una respuesta alterada al estrés de los niños mediante su crecimiento.

Recientemente se ha estudiado además la asociación entre depresión materna prenatal y alteraciones en niños, encontrándose que son sensible al estado anímico de la madre.

La Formación del Alma

El alma tuvo un origen perfecto por cuanto es un diseño elaborado en el corazón de Dios y que Sus manos la formaron.

Salmo 139:13-14 Porque tú formaste mis entrañas; me hiciste en el seno de mi madre. [14] Te alabaré, porque asombrosa y maravillosamente he sido hecho; maravillosas son tus obras, y mi alma lo sabe muy bien.

No puedo dejar de mencionar algunos puntos que debes considerar respecto al alma:

1. Viene perfecta de Dios.
2. Viene neutra para el conocimiento terrenal.
3. Viene con conocimiento preexistencial aunque con una especie de amnesia de esa dimensión.
4. Viene pura pero debe ser entrenada para la vida secular.

CONOCIMIENTO PREEXISTENCIAL DEL ALMA

Sirve para estar detrás de la formación de cada órgano, el alma está presente en la formación del cuerpo desde que comienza el proceso de la formación porque el alma viene equipada para estar detrás de la formación del cuerpo. Al principio, cuando Dios creó el cuerpo de la tierra, estaba sin vida y al soplo del espíritu y contacto con el cuerpo, entró a la escena el alma para comenzar a dar forma de vida.

- No es el cuerpo el que mueve al alma o a la persona, sino el alma mueve el cuerpo.

- El alma estuvo detrás de cada cosa formada en el cuerpo.

- El alma viene buena pero se puede volver violenta, mala y agresiva durante su desarrollo como resultado del aprendizaje cultural o como ya lo señalé, por lo que la madre haya padecido durante el embarazo porque entonces el alma está siendo programada erróneamente, percibiendo una esclavitud que después padecerá en cautividad.

EL SOPLO DE DIOS - EL ALMA NUEVA

Cuando lees en **Génesis 2:7** puedes observar el proceso de la formación e inauguración del alma del primer Adán, en ese momento su alma estaba **NUEVA** sin ciclos negativos o **PATRONES** de respuesta.

Génesis 2:7 (RV 1909) Formó, pues, Jehová Dios al hombre del polvo de la tierra, y alentó en su nariz soplo de vida; y fue el hombre en **alma viviente**.

EL ALMA CON CICLOS DE DIOS

Al soplo de Dios no sólo se introdujo el alma, sino que se activó con ella el programa de Dios que venía en el aliento de vida u oxígeno de vida. El alma en el soplo de Dios estaba activada de la siguiente forma:

1. Venía con tus necesidades.
2. Venia con tus deseos.
3. Venia con tus sueños.
4. Venia con la visión de Dios para tu vida.
5. Venia con los ciclos positivos.
6. Venia con patrones de vida.

Todo eso con el propósito de que cumplieras con tu destino.

Tu inicio en La Tierra es Una Obra Maestra

CIENTÍFICOS CAPTAN DESTELLO DE LUZ QUE SE PRODUCE EN LA FECUNDACIÓN

La vida comienza con un **destello de luz**.

Científicos de una Universidad en Illinois han anunciado en un estudio por escrito y video donde captan lo que ocurre en el momento de la concepción humana.

Chispas de zinc explotan cuando un espermatozoide hace contacto con un óvulo y provocan este fenómeno que puede durar hasta dos horas después de la fecundación.

Toda la biología comienza en el momento de la fertilización, pero conocemos casi nada sobre los eventos que suceden en el humano. Este descubrimiento requirió una asociación única entre biólogos, químicos y donaciones para apoyar la investigación... dijo Woodruff.

Los científicos **activaron** el óvulo inyectando una enzima dentro del óvulo que causa un incremento del calcio dentro del óvulo y que el zinc sea liberado.

Cuando el zinc se dispara del óvulo, se junta en pequeñas moléculas que emiten una luz fluorescente que puede ser captada por cámaras de microscopios, explicó la científica Sarah Knapton a The Telegraph.

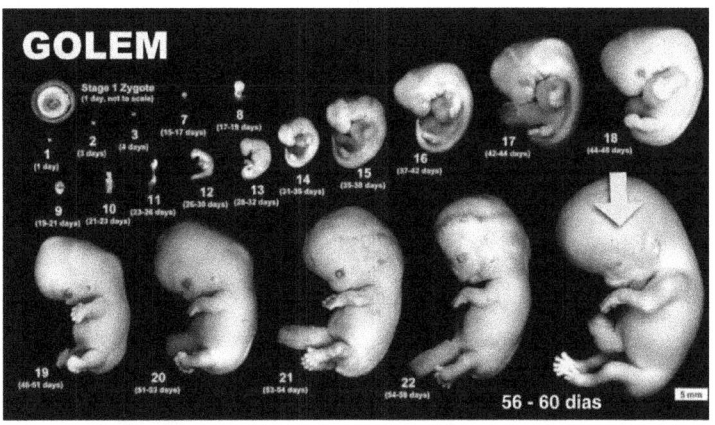

Estas fotografías son consideradas huevos, cigotos, embrión es decir GOLEM.

- Un Golem es desde su fecundación hasta la 8ª semana (56 días).

- De la octava en adelante es un FETO.

El salmista escribe lo siguiente:

Salmo 139:13-16 (LBA) Porque tú formaste mis entrañas; me hiciste en el seno de mi madre. **14** Te alabaré, porque asombrosa y maravillosamente he sido hecho; maravillosas son tus obras, y mi alma lo sabe muy bien. **15** No estaba oculto de ti mi cuerpo, cuando en secreto fui formado, y entretejido en las profundidades de la tierra. **16** Tus ojos vieron mi embrión, y en tu libro se escribieron todos los días que me fueron dados, cuando no existía ni uno solo de ellos.

Pero si el ambiente que **RODEA** a la madre durante la formación del embrión y feto es diferente a lo planeado por Dios, es ahí donde se dan los grandes problemas de la vida y las **DEFORMACIONES DEL ALMA**.

La Deformación Del Alma

Llega un momento que se convierte en un alma débil, enferma, violenta, mala y agresiva durante su desarrollo como resultado de las experiencias que vivió mientras estuvo en el vientre de la madre.

Salmo 42:6 Dios mío, mi alma está en mí deprimida; por eso me acuerdo de ti desde la tierra del Jordán, y desde las cumbres del Hermón, desde el monte Mizar.

LA FENOMENOLOGÍA DEL ALMA

Toda esta situación de los fenómenos físicos o psíquicos del alma, tienen su génesis desde el vientre de la madre y sus manifestaciones en el tiempo y en el espacio son a lo largo de toda su vida hasta que lleguen a encontrarse con Jesús, el único que tiene la llave para abrir la puerta de la cárcel que pueda libertar de cualquier esclavitud a la persona.

La formación o deformación del alma es una fenomenología del alma, son muchas cosas que hoy forman la personalidad de una persona y que se deben a las experiencias negativas o positivas mientras estaban siendo formadas antes de salir al medio ambiente fuera del vientre de la madre.

Cuando el alma está desequilibrada o deformada, se niega a muchas cosas normales.

LA HISTORIA DEL ALMA

Tiene que ver con 3 tiempos los cuales no se puede ignorar, son considerados una fenomenología, lo cual significa: el fenómeno de los cambios del alma, básicamente son los siguientes:

1. La formación del alma.

2. La deformación del alma.

3. La reformación del alma (*).

LA REFORMACIÓN DEL ALMA

Reformar el alma debe ser por medio del proceso de restauración, sanidad interior y liberación hasta llegar a tener el estado original de la formación como Dios la creó.

Salmo 23:3 (RVG) Restaurará mi alma; me guiará por sendas de justicia por amor de su nombre.

LA MEMORIA NEURONAL – SANIDAD DEL PASADO

Esto se refiere a la historia del pasado de la cual podría traer traumas, vergüenzas, acusación, etc.

Existen 2 formas en que pudo quedar grabado ese pasado:

1. Memoria gramatical.

2. Memoria neuronal (*).

Esta segunda tiene lugar cuando el niño, estando en el vientre de su mamá empieza a grabar los ambientes difíciles que ella está sufriendo, sea esto un maltrato verbal o abuso físico; el niño no tiene la capacidad de razonamiento ni lógica porque no se ha formado en la parte de su cerebro, pero tiene capacidad neuronal que llega a través de las emociones que ella está experimentando y que a través del cordón umbilical, alimenta el sistema emocional de la criatura.

Por eso un niño puede nacer, aunque sin acordarse de lo que vivió su mamá, pero su alma empieza a tener los estragos desde pequeño, lo cual puede provocar a que sea un niño con timidez, con miedo, solitario, poco social y afectarle incluso capacidades naturales de su desarrollo al punto que tome más tiempo en que pueda aprender lo mismo que otros niños de su misma edad aprenden en un tiempo promedio natural; pero todo ¿por qué?, porque mientras estuvo en el vientre de su mamá sufrió emocionalmente todo lo que su ella padeció.

Las conexiones sinápticas entre neuronas no son estáticas, sino que responden a la actividad neuronal modificando su intensidad. Así, estímulos del exterior pueden provocar que algunas sinapsis se potencialicen mientras otras se debiliten.

Una de las formas de cambiar algunos patrones dentro de lo que es la memoria neuronal es el aprendizaje y la memoria de las cosas buenas en vez de las negativas.

Con todo esto lo que deseo mostrar es que, cuando existe un maltrato que está enfocado a establecer un estado de esclavitud; no es solamente en un ámbito físico, sino que queda enraizado en el alma de la persona, al punto que es heredado de generación en generación hasta que una persona en esa línea generacional, llega a los pies de Jesús y todo empieza a cambiar porque El rompe con todo tipo de esclavitud, sea esta espiritual, almática o física.

Los Efectos Bioquímicos de La Esclavitud

Capítulo 3

Deseo traer a tu memoria nuevamente lo que he estado insistiendo en este libro, respecto al hecho de la óptica con la que se debe ver la esclavitud y saber que siendo una ciencia, no solamente una práctica; es entonces como puede abarcar muchas cosas y dejar huellas imborrables en el alma de la gente teniendo así repercusiones que puede trascender de generación en generación.

Existen 3 ángulos que explicaré y que van entrelazados por cuanto es una ciencia diabólica de la esclavitud la que al final pone una especie de sello:

1. La psicología de la esclavitud.

2. La neurología de la esclavitud y sus huellas en la mente.

3. La ciencia bioquímica de la esclavitud.

Debido a la profundidad que tiene la operación de la esclavitud, la Biblia permite ver 3 puntos importantes a este respecto:

1. La esclavitud puede durar hasta 400 años según la historia de Israel (**Génesis 15:13-14**).

2. Eso realmente se crea en una persona sometida a la esclavitud, que aunque ya no esté el capataz a su lado, continúa su estilo de vida como esclavo.

3. Una vez que la persona es sometida a la esclavitud, aunque sus días sean de 50 y hasta 70 años u 80 en el mejor de los casos; su esclavitud permanece en su etnia o descendientes hasta 1000 años o el equivalente de sus generaciones.

La ciencia de la esclavitud es la que permite que se prolongue por milenios y alcance a muchas generaciones, y sólo conociendo la verdad se puede romper y ser libre verdaderamente. La razón de la prolongación de la esclavitud se debe a que la esclavitud es una ciencia que abarca y crea estragos por lo menos en 8 diferentes ángulos, como lo mencioné en el capítulo anterior:

1. Psicológico.
2. Neurológico.
3. Bioquímico.
4. Biológico.
5. Genético.
6. Espiritual.
7. Hormonal.
8. Conciencia.

La Promesa de La Libertad

Entonces como puedes ver, el mayor problema es en la parte interior de la persona, es el lugar a donde solamente Dios puede llegar para libertad al que reconozca en su corazón la necesidad de Jesús; por eso el Señor Jesucristo prometió libertad:

Jeremías 30:8-9 (LBA) "Y acontecerá en aquel día" -- declara el SEÑOR de los ejércitos -- "que quebraré el yugo de su cerviz y romperé sus coyundas, y **extraños no lo esclavizarán más**, ⁹ sino que servirán al SEÑOR su Dios, y a David su rey, a quien yo levantaré para ellos.

Esta es una promesa para el pueblo de Israel, sin embargo debes recordar que en el capítulo anterior dejé plasmados los versículos que hacen ver con toda claridad que todo lo que Israel vivió y quedó escrito en el Antiguo Testamento, fue como un ejemplo y que la Iglesia, el Israel espiritual, debe considerar como advertencia de lo que ellos padecieron para que nadie se desvíe.

Entonces de alguna manera puedo decir que esto también es para ti y para mí porque si Dios les está diciendo que Israel debía servir a Dios y a David su rey; hoy puedes comprender que sirves a Dios y tu David y Rey, entiéndase el Señor Jesucristo.

Otro punto que debes saber es que la terminología **EXTRAÑOS** que se menciona en la Biblia, se refiere a los imperios que no tuvieron pacto con Dios, por ejemplo: Babilonia, Egipto, Asiria, etc., grandes imperios pudieron ser, pero estuvieron fuera de Dios y si a eso le aplicas lo que dice la Biblia que fuera de El nada pueden ser; dicho en otras palabras, es como que con engaños se hubieran dejado atrapar al punto de convertirse en esclavos de alguien que es nada y es Dios quien los desenmascara para devolver la libertad.

También es interesante saber que los efectos **BIOQUÍMICOS** de la esclavitud, es el resultado de la esclavitud psicológica y aunque en determinado momento se presuma de ser libres como lo hicieron los israelitas habiendo estado como esclavos de Egipto y después siendo esclavos de Roma, aunque en diferentes manera, pero en realidad eran los romanos lo que dictaban ordenes sobre todo el mundo incluyendo Israel; aun así ellos aplicaban cierta lógica para decir que eran libres, sin embargo su comportamiento, por el sentimiento o emoción los hacía que fueran esclavos.

Definiendo Los Efectos De La Bioquímica

La alteración de la bioquímica, se consigue a través de un proceso traumático, por fuerza brutal para que el pensamiento repita el trauma y que en la química del individuo quede una huella registrada que se unirá con la estructura genética de la célula humana. La alteración de la bioquímica del hombre esclavo pretende también afectar la consciencia marcándola como si fuera con hierro candente.

Hoy día en el mundo por lo general, no se ve lo mismo que sufrió el pueblo de Israel en Egipto, sin embargo pueden existir eventos traumáticos que tiene el mismo poder como si alguien tuviera un verdugo como lo padeció Israel.

Debo resaltar los puntos importantes en la definición respecto a los efectos de la bioquímica:

- **El trauma, el cual viene a ser la esclavitud psicológica**, esto es lo que altera la bioquímica de una persona. Más adelante describiré los químicos del cerebro nuevamente.

- **Cuando se llega al punto de los químicos del cerebro**, significa que llegará a tener problemas en su forma de pensar lo cual entrará en un ciclo repetitivo del trauma, siendo así que en determinado momento se convertirá en la estructura de su genética por cuanto hasta las células son afectadas.

- **Entonces la esclavitud está tomando varias partes** como lo describí en los 8 ángulos que abarca todo esto, es entonces para no caer en el engaño de pensar que un esclavo es verdaderamente libre cuando lo libertan de una cárcel, le rompen los grilletes, etc., físicamente será libre, pero **¿qué sucede con el impacto que sufrió en el alma?**

- **De manera que son efectos de esclavitud en la bioquímica y hormonas** que más tarde serán como registros de esclavitud en la anatomía física, es decir en la biología del esclavo. También en la alteración de la bioquímica entra en escena que, sus alimentos alteren el metabolismo de su cuerpo, convirtiéndolo así en esclavo de determinada dieta.

Con esto puedes ver en el interior del cuerpo, la consecuencia de la esclavitud en lo físico que si bien es cierto, puede terminar en determinado momento, en el alma puede continuar por mucho más tiempo así como en todo lo que respecta a un sistema de vida, me refiero a que siendo libre, alguien puede seguir viviendo como esclavo incluyendo esto desde la dieta alimentaria, así como la manifestación corporal por toda la alteración que sufrió antes de ser libres.

Los Efectos Bioquímicos De La Esclavitud

Hay 2 formas de alterar la bioquímica en el cuerpo del esclavo:

1. Por medio de un proceso traumático.

Cuando se altera la bioquímica de un esclavo, eso tendrá también un impacto en las células del cuerpo que más tarde serán como registros de esclavitud en la anatomía física, es decir, la biológica del esclavo.

2. Por medio de los alimentos.

También existe la alteración bioquímica por medio de la dieta que recibe el esclavo, esos alimentos alteraran el metabolismo de su cuerpo y producirá la disposición a enfermedades que incluso lo conducirá a la muerte más rápidamente que otra persona.

La Ciencia De La Esclavitud

La esclavitud es una maldición que también hay que romper, porque lleva **la psicología del fabricante de la esclavitud** que involucra tácticas de control en la mente que forman los acondicionamientos mentales destinados a tener efectos de larga duración y convirtiéndose en la esclavitud generacional.

Una de las razones por las cuales debes anhelar ser verdaderamente libre, primero porque Dios no te hizo para que fueras esclavo del diablo y su artimañas; pero también existe una poderosa razón por la cual debes anhelar la libertad; me refiero al hecho de brindarle a tus descendientes la oportunidad de nacer libres, no solamente en lo físico, sino también en lo almático y espiritual.

LA ANIMALIZACIÓN DE LA ESCLAVITUD

Según el diccionario Webster, dice que la esclavitud es considerada como una animalización, lo cual se atribuye de la siguiente forma:

1. Cualquier organismo que no sea un ser humano.

Bajo esta perspectiva, existe una diferencia de vida en un humano y un animal; entonces puedo decir que según el Diccionario Webster, esclavizar es como hacer del humano, un animal.

2. La animalización es considerar a una persona: de forma brutal, degradada o inhumana.

Cuando alguien o algo ha sido degradado, se desconecta de su función principal, es decir que se desconecta de su propio núcleo el cual le brinda el valor.

¿CUÁL ERA LA INTENCIÓN DE ESCLAVIZAR DESDE EL PUNTO DE VISTA DE LA ANIMALIZACIÓN?

Según el mismo Diccionario Webster:

- Hacer que el hombre exista en el estado de un animal.
- La destrucción moral de la persona.
- La perversión en su vida.
- La destrucción de ética moral.
- Que experimento lo que es la deshumanización (ser forzado a hacer algo fuera de su diseño).
- Sufrir cicatrices de abusos.
- Recibir adoctrinamiento psicológico para despojarse de derechos y responsabilidades (perder el equilibrio de la vida).
- Volverlo dependiente de otras personas o de un sistema (eso es dar el poder de la vida a otro).

Las Divisiones

Un punto que no puedo dejar de mencionar, aunque ya mencioné en los capítulos anteriores respecto al libro: **MANUAL PARA HACER ESCLAVO** del autor William Lynch, es la estrategia de las divisiones, de tal manera que donde hay una división, es porque existen vestigios de esclavitud.

Posiblemente donde más se pretenda ver ese punto es en las congregaciones, pero también debe haber un examen acerca del grupo familiar, un hogar; de tal manera que si hay división en un hogar, igualmente lo habrá en la congregación porque la Iglesia está compuesta por familias que podrían estar divididas; afectar así, no solamente a la Iglesia, sino a la comunidad a la que pertenezcan y a su vez esta a la sociedad y estas a una nación. Al final por eso es que existen naciones divididas o sociedades divididas.

Pero el punto es preguntarnos, **¿dónde comienza la división?** Por eso la Biblia permite ver de forma particular para que cada persona sea responsable de echar fuera todo vestigio de división en su mente y no repercuta fuera de ella como una persona de doble ánimo, de doble alma porque esa persona es inconstante en su camino. Entonces la división comienza en la mente, se convierte en división del hogar, de la comunidad, de la sociedad, de la nación y dentro de ese proceso también está la Iglesia.

William Lynch propone utilizar como herramientas lo siguiente:

1. Promover diferencias entre ellos, o sea, resaltar a unos contra otros en las diferentes áreas:

- La edad.
- El color.
- La capacidad mental.
- El sexo.
- Las áreas otorgadas (responsabilidades de preferencia).
- La actitud hacia ellos (preferidos o aborrecidos entre ellos).
- Los altos o bajos (preferencias corporal).
- La adulación.
- La admiración.
- El viejo contra el joven.
- El hombre contra la mujer.

La manipulación de las diferencias da lugar a las divisiones siendo esto parte de la estrategia propuesta por William Lynch para inyectar la esclavitud entre la etnia que estaban dominando en aquel entonces en Estados Unidos de América. El por qué de la división era muy sencillo: una vez se divide el ideal de una persona, se divide el pueblo.

2. Usar el miedo, la desconfianza y la envidia entre la misma gente como reforzadores de división.

La Psicología de Wiilliam Lynch
(La estrategia división entre ellos)

William Lynch dijo: *Matando a los esclavos sale muy caro, pero causando división entre ellos rendirá beneficios extraordinarios.*

La idea era que, si mataban a los esclavos por cualquier desobediencia, tendrían que incurrir en gastos; era mejor causar divisiones que los obligara a mantenerlos en el orden que sus amos los pudieran controlar. Lo extraordinario es que eso mismo sucedió con el pueblo de Israel cuando estuvieron esclavizados en Egipto:

Éxodo 2:13-14 (LBA) Y al día siguiente salió y **vio a dos hebreos que reñían**, y dijo al culpable: ¿Por qué golpeas a tu compañero? **14** Y él respondió: ¿Quién te ha puesto de príncipe o de juez sobre nosotros? ¿Estás pensando matarme como mataste al egipcio? Entonces Moisés tuvo miedo, y dijo: Ciertamente se ha divulgado el asunto.

William Lynch estuvo con la estrategia de la esclavitud en el año 1800 D.C. aproximadamente. Recuerda entonces que la división es un indicador de la esclavitud diabólica, mientras que la unidad es un indicador y bendición de Dios.

Con esto no pretendo que alguien se sienta acusado porque fue víctima del engaño del diablo y participó en alguna división en cualquier parte, sea esto en la Iglesia, centro de trabajo, de estudios, etc. Sin embargo debe servir como un identificador para saber cómo está tu relación con los demás y saber que el diablo está constantemente lanzando sus dardos encendidos de veneno para hacerte tropezar de cualquier forma, lo cual incluye la división como indicador de esclavitud.

WILLIAM LYNCH SIGUIÓ DICIENDO EN SU DISCURSO

Engrandecer las diferencias

Entonces no le bastaba con crear diferencia o divisiones, sino que debían engrandecer lo que estaban haciendo para prolongar la marca de esclavos en el alma. Entonces sugiere Lynch que surgirían las interrogantes en la mente de los esclavos:

- ¿Quién es mayor?
- ¿Quién es mejor?
- ¿Quién comió más?
- ¿Quién es el preferido?

Lamentablemente en muchas familias existen esas situaciones porque los padres de familia tienen preferidos por cualquier razón y menosprecian a otro, por ejemplo: en una familia donde hubiera 10 hijos, quizá los padres o quizá no los 2, sino que el papá tenía un hijo preferido y un hijo que consideraban como lo peor de la familia al punto de llamarlo **la oveja negra de la familia**; los otros 8 le eran indiferente.

Pero el problema se complicaba porque quizá la mamá también tenía un hijo preferido y uno que también consideraba la oveja negra de la familia; todo eso creaba divisiones porque los que quedaban en forma neutral, oportunamente apoyaban con el que se identificaban y las cosas se complicaban quizá en 4 bandos.

Sigue diciendo Lynch: *Debo asegurarles, que la desconfianza, es más fuerte que la confianza, y que la envidia, es más fuerte que el respeto o la admiración.*

El esclavo negro después de recibir este adoctrinamiento, inconscientemente seguirá con su vida y su esclavitud, se reafirmará, se regenerará en sí mismo durante cientos de años, inclusive miles de años.

Será esclavo del método de control, del miedo, la desconfianza, y la envidia.

LA ESTRATEGIA DE LYNCH

1. *Poner al anciano africano contra el joven.*

2. *Poner a los esclavos de piel más clara en contra de los esclavos de piel oscura.*

3. *Poner a la mujer africana contra el varón.*

4. *Tener supervisores blancos que desconfíen de todos los africanos.*

5. *Hay que predisponer a todos contra todos y fomentar y premiar la denuncia.*

Ejemplo de divisiones:

- El continente africano es el que más dividido se encuentra lingüísticamente, más de 405 dialectos e idiomas.

- Los matrimonios con mayor índice de divorcios son matrimonios afroamericanos, 75% de disolución matrimonial.

Los descendientes de 2 mujeres africanas:

- Un varón es nacido para trabajar fuerte y menospreciar a la mujer africana que había dado hijos a los terratenientes.

- Una hembra es nacida y preparada para la violación y la independencia.

La Esclavitud De La Independencia

La estrategia de esta esclavitud consiste en quitar la figura del varón en las familias.

Antes de continuar, debo hacer mención que no estoy atacando a ninguna etnia en particular, sino que, mi deseo es desenmascarar las obras infructuosas de las tinieblas y que puedas ver cómo es que el diablo se proyectó en determinada región del mundo usando la mente de gente que estuvo presta a incursionar en esta ciencia diabólica.

Entonces puedo decir que cuando ves la historia de Estados Unidos de América, la etnia que tuvo más participación en la esclavitud es la gente africana y que por la misma razón de cómo se desarrollaban las familias, la mujer se convirtió en sobreprotectora porque el varón abandonaba su familia a consecuencia de cómo habían sido víctimas y embarazadas por hombres de raza blanca porque se enseñoreaban en todo sentido. De aquí entonces el título de la esclavitud de la independencia.

La estrategia diabólica entonces era de remover al varón porque eso produce una psicología de independencia en la mujer.

Éxodo 1:16 ...y les dijo: Cuando estéis asistiendo a las hebreas a dar a luz, y las veáis sobre el lecho del parto, **si es un hijo, le daréis muerte**, pero si es una hija, entonces vivirá.

Parecería contraproducente el hecho que Faraón pidiera que mataran a los varones de los esclavos si eran ellos los que estaban produciendo el material con el que construían las ciudades; pero fue así porque era Faraón el que tenía el control de natalidad, él decidía quién vivía y quién moría.

Si Faraón lograba deshacerse de los varones hebreos, serían las mujeres las que se convertirían en las que debían proteger a su familia y pelear por sus generaciones.

La Perversión de Las Funciones Naturales
(La perversión del género y sus funciones)

Una de las cosas que la ciencia diabólica de esclavos hace, es estimular el caos natural, pervirtiendo las posiciones naturales de los papeles del hombre y de la mujer.

En el libro de Éxodo se narra de la orden del Faraón para destruir y matar al género masculino como lo describí en la cita anterior. La matanza de los niños era y es actualmente una forma de control de la población.

LA DESTRUCCIÓN DE LAS FUNCIONES NATURALES

Es decir que el hombre no cumpla su función y como consecuencia, invertir y manipular la función de la mujer. Matar hombres significa, dejar a la mujer sola al frente de todo y que críe a los hijos en funciones inversas lo cual involucraba un desequilibrio familiar.

EJEMPLO DE LA PERVERSIÓN DE POSICIONES

1. Al ser dejada sola, desprotegida, con la imagen masculina destruida, pasó de ser psicológicamente dependiente del hombre, a un estado independiente.

2. En este estado psicológico de la independencia ella levantará a su descendencia masculina y femenina en papeles invertidos.

3. Esto sucede así por temor a la vida del joven varón, ella psicológicamente lo capacitará para ser mentalmente débil y dependiente de la protección de la mujer, pero físicamente es fuerte. El problema será cuando llegue el tiempo de formar su propia familia, lo hará bajo la misma perspectiva que vivió en la casa de sus padres donde era su mamá la que lo protegía.

Isaías 3:12 (LBA) ¡Oh pueblo mío! **Sus opresores (NAGAS) son muchachos, y mujeres lo dominan.** Pueblo mío, los que te guían te hacen desviar y confunden el curso de tus sendas.

ONCE RAZONES DE LA ESCLAVITUD DE LA INDEPENDENCIA

1. Dando lugar a que hijos crezcan sin la **IMAGEN** de responsabilidad de varón.

2. Dando lugar a depender de la figura **FEMENINA** y no sentir la necesidad del papel masculino en la familia, dicho en otras palabras, el varón no tiene valor en la esclavitud de la psicología de independencia.

Para los hijos que crecen en un hogar donde la mujer es independiente, aunque su esposo esté con ella, el varón no representa ningún valor como padre que debe representar, sino que tiene con mayor estima la participación de la madre, pero se ha llegado a ese nivel porque es la mujer la que está protegiendo a la familia porque el hombre ha dejado su función como cabeza del hogar.

Uno de los problemas donde sucede este tipo de fenómenos, es porque fue lo que vivieron en casa de sus padres; era la madre la que representaba toda la autoridad y protección, de tal manera que como eso fue lo que vieron y vivieron, eso mismo ponen en práctica, pero eso no los exime de la esclavitud, ambos en el hogar tienen invertidas sus responsabilidades y los ha esclavizado a ese nivel. En otras palabras, son generaciones con capacidad para someterse al **MATRIARCADO ALMÁTICO** por la misma razón de la marca interior de la esclavitud.

También habría que analizar si es un matriarcado diabólico aunque también existe el matriarcado almático y despótico; pero específicamente estoy refiriéndome al **MATRIARCADO ALMÁTICO**, donde surge la necesidad de la protección y todos se acogen a la persona que los heredó, en este caso estoy refiriéndome cuando es la mujer la que tiene la esclavitud de la independencia y también es porque ni siquiera se deja notar por los cónyuges, porque todos lo ven como algo normal, aun por herencia donde es la madre la que tiene la voz líder.

3. Crea posiciones inversas, es decir una mujer que nace y crece bajo esa dirección en casa de sus padres, tomará en su momento el papel de la dirección de la familia.

4. Si nace un hombre se volverá mentalmente dependiente y débil delante de una mujer, (madre o esposa) aunque físicamente tenga apariencia fuerte.

5. Ese ciclo de esclavitud continuará de generación en generación, es decir las posiciones y funciones estarán inversas sino se rompen. Si una hija crece en un hogar donde rigió el hogar con matriarcado, no se sujetará a su esposo y buscará el liderazgo; claro que si el varón tiene la misma ideología, no habrá problema sino que todo será transparente, a menos que en el hogar del varón hubo desarrollo normal donde es el varón el cabeza de casa.

Claro que en el caso de las hijas, el papá no le agradará la idea que su hija sea tomada para que la estén gobernando, el papá pretenderá que sea ella la que domine y gobierne el hogar; siendo esto otro motivo de esclavitud. Porque también debe pensarse donde los papás son los que tienen un hijo y cuando contraiga matrimonio puede llegar a ser dominado; definitivamente no les agradará principalmente si han tenido un hogar funcional donde todos tienen el lugar que les corresponde en el orden de Dios.

6. Otra consecuencias de esa esclavitud será la lucha constante por el poder en las familias hasta que surge el dominio déspota de uno sobre otro. Esto tiene lugar cuando se casan un hombre con una mujer, y ambos quieren dominar en el hogar, es una batalla constante.

7. Esto da lugar a que un alto porcentaje de matrimonios terminan divorciándose donde la base del problema es quién gobierna la familia.

8. La ciencia de la esclavitud manipuló la naturaleza masculina y femenina cambiando el orden en la familia.

9. La ciencia de la esclavitud de la independencia produce un caos, el cual se produce cuando el orden de la estructura familiar es cambiado.

10. Esta ciencia de la esclavitud de la independencia desgasta las energías del varón y la mujer torciendo las funciones.

11. El principio esto es: cuando los sentidos del liderazgo natural se embotan hasta el punto en que no hay guía propia, comienza a seguir al seguidor.

Efectos de Esclavitud y Estructura Familiar

- El 75% de los matrimonios de etnia africana o de personas que fueron esclavos, termina disolviendo su matrimonio.

- Esto se debe a la división implantada entre el esclavo hombre y la esclava mujer.

- Debido a que no hay una estructura familiar y no se reconocen las funciones que Dios estableció.

- Cuando se usurpan las posiciones todo matrimonio está sentenciado a fracasar.

LOS EFECTOS DE DIVISIÓN EN EL NÚCLEO FAMILIAR

Es decir que esta ciencia de esclavitud esta diseñada para que el esclavo destruya por sí mismo su propia estructura familiar.

Esta división cae en la categoría de tribunales:

1. Matrimonios en divorcios.
2. Separaciones familiares.
3. Abandonos.
4. Orfandad.
5. Infidelidad sexual, de provisión.

Lucas 11:17 ...y una casa dividida contra sí misma, se derrumba.

De aquí puedo decir entonces que las mujeres que les cambiaron su giro normal como tal, no están satisfechas con las posiciones naturales que les corresponde en la sociedad en general y relaciones con los hombres en el orden de Dios.

Con esta estrategia están quitando la protección de lo fuerte sobre lo débil, es decir la protección del varón sobre la hembra. Al decir que es débil no significa que sea víctima o que sea inferior; sino me estoy diciendo que la naturaleza delicada, como lo dice la Biblia, es como vaso más frágil porque así la diseñó Dios.

Sin embargo la ciencia de la esclavitud dio lugar a lo que hoy en día se llama la liberación femenina o de la mujer y en muchos lugares del mundo lo que pretenden es tener el dominio absoluto y su voz es sobre el hombre; incluso en algunos países según la ley le dan prioridad en último lugar al hombre, tienen mayor importancia las mascotas que el hombre; pero todo ha sido producto de la ciencia de la esclavitud que en este punto puedo decir entonces que es producto de la esclavitud de la independencia.

Sin embargo Dios dejó establecida la forma en que debe conducirse la mujer, al punto incluso de decir la forma en que se vestirá:

Deuteronomio 22:5 No vestirá la mujer ropa de hombre, **ni el hombre se pondrá vestido de mujer**; porque abominación es a Jehová tu Dios cualquiera que esto hace.

Tampoco estoy pretendiendo que sea visto este versículo desde un punto de vista legalista y que sea prohibido que la mujer use pantalón; no es eso a lo que me refiero. Es más, si vamos al tiempo en que fue escrito ese versículo, lo que usaban eran túnicas, no pantalones, entonces no es ese el espíritu con que fue escrito ese versículo.

Cuando estudias las palabras **MUJER** y **HOMBRE**, escritas en el versículo anterior, puedes ver a qué se refiere:

Mujer: es Ishshá #H802 = esposa.
Hombre: es Gueber #H1397 = hombre valiente o guerrero.

Nota que no significa ni siquiera **MUJER**, sino **ESPOSA**, era un estado social; por lo tanto está diciendo claramente que la mujer no se vista con las actitudes del esposo. Con esto lo que puedo ver es que la mujer no puede usurpar la posición de autoridad que le pertenece al hombre.

El Targum Onkelós

Existe un documento llamado **El Targum Onkelós,** es una literatura muy antigua que contiene el simbolismo o significado profundo de algunas palabras. De tal manera que **El Targum Onkelós,** al considerar la palabra **GUEBER** (**Hombre guerrero**) en contra parte de **ISHSHÁ** (**Mujer esposa**), tradujo de la siguiente manera:

"No habrá un arma de guerra de varón en una mujer, y un hombre no se arreglará con los afeites de una mujer."

Las armas representaban autoridad, eso significa que el lugar de la pelea no le corresponde a la mujer sino al hombre; en caso contrario si se aplica inversamente, el castigo por esa abominación será un hombre [**GEBER**] que no prosperará en los días de su vida.

Esto debe ser asimilado por todo hombre cristiano, todo varón creyente.

Proverbios 31:10 Mujer virtuosa, ¿quién la hallará? Porque su valía sobrepasa largamente a la de las piedras preciosas.

Proverbios 31:10 (BJ2) Una mujer completa, ¿quién la encontrará? Es mucho más valiosa que las perlas.

Dios hizo al hombre como hombre y a la mujer como mujer; no hay hombre en cuerpo de mujer ni mujer en cuerpo de hombre, sencillamente eso no es el orden de Dios y es por eso que cuando se cambian las responsabilidades, las cosas aunque aparentemente estén caminando en orden, está sucediendo lo que las tinieblas han planificado y a futuro tendrán un panorama desequilibrado delante de Dios.

Diseño de Dios en La Mujer

Todos los seres humanos nacen según el género que Dios estableció para cada uno y debe saber la diferencia entre ambos géneros.

1. Sexo: Femenino (implica sus órganos genitales diferentes al hombre).
2. Naturaleza: Hembra.
3. Estatura: Mujer.
4. Cromosomas sexuales: XX.

Diseño de Dios en El Hombre

1. Sexo: Masculino (implica sus órganos genitales diferentes a la mujer).
2. Naturaleza: Varón.
3. Estatura: Hombre.
4. Cromosomas sexuales: XY.

- De manera que en los nacidos varones, debe existir el momento en que nos convirtamos en hombres; pero eso no significa que en el camino haya permiso para estar jugando a la sexualidad, sino que, cada género debe estar enfocado en lo que fue hecho.

- Desde el punto de vista de Dios, crecer biológicamente no garantiza ser hombres, sino que eso implica un nivel que conlleva a adquirir derechos y obligaciones.

- De otra manera, podría decir que solamente creciste y llegaste a ser un varón viejo que no consideró llegar a ser un hombre.

Lamentablemente las tinieblas han contaminado la mente de la gente haciéndoles creer que no son como Dios los hizo y argumentan que son de un género pero con cuerpo cambiado al que verdaderamente les pertenece. La mujer no debe permitir que le cambien su forma de ser para no convertirse en usurpadora de autoridades que no le pertenecen.

1 Pedro 3:7 Y vosotros, **maridos**, igualmente, convivid de manera comprensiva con vuestras mujeres, como con un **vaso más frágil**, puesto que es mujer, dándole honor como a coheredera de la gracia de la vida…

Vaso frágil: la mujer no debe perder eso, ser vaso frágil significa ser tierna, delicada, femenina eso hace que la atracción impacte a su esposo.

La verdadera libertad en la mujer de la esclavitud de la independencia, es cuando recupera lo que Dios dice de ella en **1 Pedro 3:7**.

- La ciencia de la esclavitud de la independencia, es darle poder a la mujer de manera inconsciente para destruir la estructura de la familia de adentro hacia afuera.

- Es como crear una denominación entre hombres y mujeres.

- Es devaluar económicamente al hombre a la medida en que se vuelve disfuncional, o sea, que predominen los dichos: no sirve para nada… es irresponsable… es un mal hombre… etc.

La batalla típica de toda familia que continúa con la esclavitud en su interior, es un caos psíquico basado en la inversión y la manipulación de la naturaleza del hombre y la mujer en sus roles. Entonces, así como Dios le habla a la mujer, de igual forma le habla al hombre:

1 Corintios 16:13 Velad, estad firmes en la fe; portaos **varonilmente**, y sed fuertes.

Lamentablemente la ciencia de la esclavitud ha llegado tan lejos por la falta de conocimiento de cómo está trabajando el diablo, por eso hoy existen hombres transformados en mujer, al punto que han llegado a competencias de mujeres y se coronan en certámenes de mujeres como fue el caso de Miss España.

SE RECOMPENSA ECONÓMICAMENTE SI SE DEJA DE SER HOMBRE

El problema se agrava cuando llega a la cúpula de los países, peor aun si es en aquellos que son considerados del primer mundo, porque entonces pasan a ser una especie de ejemplo para la humanidad, y si ahí existe el desvío de género, los países del tercer mundo pueden ser más fácilmente influenciados por la inconformidad de gente que argumenta que no ha triunfado en la vida porque no le permitieron que se desarrollara en lo que siente que lleva dentro; pero la realidad es que es un demonio lo que llevan dentro y los está empujando a tener un cambio de género que no está en la voluntad de Dios.

En un periódico de Canadá se publicó que, si el hombre cambiaba de género en su licencia de conducir, tendría una rebaja en el seguro para manejar; esto lo hacen porque a muchos no les importa lo que diga su licencia con tal de alcanzar un descuento; lo que no saben es que están abriendo puertas espirituales y dándoles permiso a demonios para que los ataquen en su área sexual.

A la mujer Dios le dice:

1 Timoteo 2:12 Porque no permito a la mujer enseñar, ni **usurpar autoridad** sobre el varón, sino estar en silencio.

1 Timoteo 2:12 (LBD) No permito que las mujeres enseñen a los hombres ni que **ejerzan sobre ellos dominio**. Deben guardar silencio en las reuniones de la iglesia...

Dominio G831: audsentéo actuar por uno mismo, i.e. (figurativamente) dominar: dominio. Tener plena autoridad sobre el, dominarlo.

La mujer no necesita usurpar posición, ella tiene lo que Dios le ha dado, tiene la bendición de ser como Dios la quiso hacer, no tiene nada que envidiarle al hombre, la mujer es:

- Vaso de honra.

- Frágil.

- Coheredera de la gracia.

La estrategia de la ciencia de la esclavitud tiene la intención que en la mente de los esclavos se piensa de la siguiente manera:

- La responsabilidad natural del hombre no es necesaria.

- Las mujeres ya no necesiten de la figura literal paternal en la familia.

- Esto se ha convertido en un ciclo tradicional que continúa girando fuera de lo natural.

- Esta alteración pervertida de los roles naturales entre el hombre y la mujer aseguran a la ciencia de la esclavitud el control de las siguientes generaciones.

Documento de Esclavitud

La siguiente declaración contiene los pensamientos y prácticas por los maestros de esclavitud, tomado del documento **Cómo hacer esclavos de William Lynch**.

LA COMPRENSIÓN ES LO MEJOR

Por lo tanto, profundizaremos en esta área con respecto a lo que hemos producido aquí en este proceso de ruptura del esclavo negro femenino.

HEMOS INVERTIDO LAS RELACIONES

En su estado natural incivilizado, ella tendría una fuerte dependencia del tema del esclavo varón negro incivilizado, y tendría una tendencia protectora limitada hacia su descendencia masculina independiente y criaría a la descendencia femenina para que dependiera como ella.

La naturaleza había provisto este tipo de equilibrio.

Lynch reconocía que Dios había creado a la humanidad con equilibrio y que al eliminar la figura del varón en la familia, estarían invirtiendo las funciones del hombre y la mujer.

Revertimos la naturaleza quemando y separando a un esclavo negro civilizado con otro que todavía es como un toro azotando hasta el punto de la muerte, todo en su presencia.

Al quedarse sola, sin protección, con la imagen masculina destruida, la terrible experiencia la hizo pasar de su estado psicológico dependiente a un estado independiente permanente.

En este estado permanente psicológico de independencia, ella criará a su descendencia masculina y femenina en roles invertidos.

Lo que estaba adoctrinando Lynch era que los hijos varones, debían crecer bajo un clima de irresponsabilidad y la hija para que sea quien tome la autoridad en la familia, en responsable.

Por miedo a la vida del joven, ella psicológicamente lo entrenará para ser mentalmente débil y dependiente pero físicamente fuerte.

Debido a que se ha vuelto psicológicamente independiente, entrenará a su descendencia femenina psicológicamente independiente.

Con esta ciencia de esclavitud, ¿qué tendrás?, tendrás a la mujer esclava negra al frente y al hombre detrás y asustado.

Esta es una situación perfecta para un buen sueño y economía.

Esta fue la estrategia satánica que William Lynch trasladó a los terratenientes que estuvieron en Estados Unidos de América en la época de los años 1700-1800, sin embargo en la actualidad son situaciones que tienen presencia mayormente cuando hay liderazgo de la mujer afroamericana. No obstante en algunas regiones de México también existe, al punto que es un orgullo para ellos y los hombres lo ven como algo totalmente normal, es la mujer quien lleva toda la autoridad.

Pero debo insistir en que todo eso, aunque pueda estarse dando lugar en todo el mundo en regiones específicas quizá, no es algo que Dios haya establecido.

ETIMOLOGÍA DE LA PALABRA DENOMINACIÓN

De = separado
nomi = viene del latin "DOMINARE" = nación.

Por definición es: Separado de la nación.

- La palabra nación viene del latín "NATALIS" se refiere a los nacimiento en relación a su naturaleza original.

- En otras palabras es una separación de la naturaleza original.

Reflexión: Cuándo se crea una denominación en la familia, significa que están separados de las funciones naturales lo cual es esclavitud de la independencia.

EL ORIGEN HISTÓRICO DEL DÍA DE LA MADRE

En el siglo XVII, empezó a celebrarse un día (el cuarto domingo de Pascua) dedicado a honrar con flores y otras ofrendas a la Iglesia en la que cada uno había sido bautizado, la «Iglesia Madre».

La celebración de la maternidad está presente en prácticamente todas las civilizaciones de la historia.

El llamado, Día de la Madre, se festejaba en la antigua Grecia rindiendo honores a Rhea, la madre de los dioses Zeus, Poseidón y Hades, entre otros.

Recogiendo la tradición helena, los romanos bautizaron esta celebración como la Hilaria, fechada su fiesta el 15 de marzo, día señalado para arrancar tres jornadas de ofrecimientos en el templo de Cibeles.

Con la llegada del Cristianismo (la Iglesia oficial Católica), la celebración se transformó en una fiesta en honor a la Madre de Dios, esto es, a la Virgen María, la madre de Jesús.

Un antecedente de lo que, hacia el año 1600, fue adquiriendo un significado más cercano al actual Día de la Madre. En esas fechas empezó a festejarse el denominado Domingo de las Madres, en la que los niños concurrían a misa y regresaban a sus hogares con regalos para sus progenitoras.

Además, como muchas personas servían a acaudalados señores, muchas veces lejos de sus hogares, el día era no laborable pero pagado.

No obstante, para encontrar la razón de ser de la actual fecha, hay que remontarse a 1870 cuando en Boston

(EE.UU), la activista Julia Ward Howe organizó una gran manifestación pacífica y una celebración religiosa en la que invitó a todas las madres de familia que resultaron víctimas de la guerra de Secesión Americana.

Su éxito llevó a Anna Reeves Jarvis, ama de casa, a intentar dotar de oficialidad a esta fecha a partir del año 1908 a través de una campaña a nivel nacional.

La fecha elegida (el segundo domingo del mes de mayo), respondió a la conmemoración de la muerte de su madre, hecho que marcó su vida y por el que, tomando como base la demanda de Howe, empezó a escribir a personalidades intelectuales influyentes de la época para que apoyaran su petición.

LA FECHA ACTUAL:

Su iniciativa no fue en vano y en 1910 ya se celebra en casi todo Estados Unidos de América y, en 1914 el presidente Wilson convirtió el Día de la Madre en una celebración oficial.

Con lo que Jarvis no contaba, y contra ello luchó, fue con el carácter comercial que fue adquiriendo el día.

En una de sus protestas por el cariz que estaban tomando las cosas fue arrestada y su hostilidad hacia la festividad que ella misma había impulsado le hizo perder todo el apoyo de aquellos que la acompañaran inicialmente.

En un reportaje que le hicieron antes de su muerte, Ana mencionó su arrepentimiento por haber impulsado el Día de la Madre.

Hasta 1965, en España se celebró el día dedicado a la maternidad coincidiendo con el 8 de diciembre que, según el santoral católico, es la fiesta de la Inmaculada Concepción.

El Día de la Madre empezó a celebrarse en España el primer domingo de mayo, así como en Hungría, Lituania, Portugal o Sudáfrica, con el objeto de separar las conmemoraciones y poner énfasis en el valor Mariano del mes de mayo, que es cuando cambian las flores y todo se renueva.

La festividad anglosajona influyó decisivamente en esta nueva fecha.

En el resto del planeta está repartido a lo largo del año, aunque la fecha mayoritaria es la del segundo domingo de mayo. Panamá sigue fiel a la fecha de la Inmaculada Concepción.

En ningún momento estoy en contra de las madres, lo que estoy explicando es, cómo el enemigo se ha enfocado en destruir la función del varón en el hogar y que sea absorbido por la mujer haciéndose ver que es por lógica y/o necesidad. Por eso debo aclarar que no estoy atacando los hogares donde es la madre la que lleva la dirección del hogar, lo que estoy enseñando es cómo el diablo ha usado a personas como William Lynch para establecer cambios radicales, brusca o suavemente, con el propósito de cambiar lo que Dios ha establecido desde los orígenes de la humanidad.

Lo que puedo decir con esto entonces es que debe haber una alerta para que la mujeres que han tenido que salir a batallar solas y con varios hijos e hijas; no se dejen atrapar por la esclavitud de la independencia y que eso las lleve a no valorar el papel del varón o usurpar la autoridad del varón pretendiendo aconsejar en determinado momento, a personas que quizá tienen un hogar integrado y buscan consejo solamente para encausar lo que de pronto pueda estarse saliendo de control, porque en tal caso, un consejo fuera de los lineamientos que Dios ha establecido, serán motivo para que el diablo se valga de eso para dañar más hogares.

Si una mujer ha tenido que batallar con un hogar disfuncional y llevar la autoridad, dadas las circunstancias, cuando tenga hijos, debe enseñarles a ser responsables, cumplir con sus derechos y obligaciones, tomar la autoridad que les corresponde para desempeñarse como hombres de Dios en su hogar para invalidar toda doctrina diabólica que pretenda demostrar que el mundo no necesita del varón como actualmente sucede en muchos lugares.

Lo correcto es que, si bien es cierto que pueden existir hogares donde es la mujer la que les ha enseñado a sus hijos a salir adelante sin tomar en cuenta al esposo; sin importar cuáles hayan sido las razones de la situación, la mujer debe enseñar a sus hijos cuáles son los lineamientos que Dios establece y conducir a los hijos e hijas por el camino correcto a la luz de la palabra de Dios.

El hombre y la mujer debe aprender que tienen un lugar que deben desempeñar en el orden de Dios, ambos tienen derechos y obligaciones y es lo que necesitan enseñar a los hijos e hijas para que sean los que promuevan en sus hogares la verdad de Dios y que las siguientes generaciones sean verdaderamente libres.

El Origen del Movimiento De Liberación Femenino

Un punto que no puedo dejar de mencionar es que, el llamado movimiento de liberación femenino, tuvo lugar primeramente por una mujer blanca y su motivación fue el celo contra la mujer de color, porque los hombres blancos violaban a la mujer africana y eso llevó a la rivalidad entre las mujeres de ambas etnias y es donde también tuvo lugar el racismo femenino entre su mismo género.

Aunque habría mucho más que ahondar a este respecto, considero que básicamente ese fue el origen de ese diabólico movimiento que ha usado a quien ha querido para usurpar las funciones en los varones, al punto que, como ya lo mencioné, la ley en muchos países tiene en mayor jerarquía a la mujer que al hombre, es más, las mascotas tienen prioridad antes que el hombre porque la idea de las tinieblas es destruir por completo el orden de Dios.

También podría añadir que una mujer que está buscando tener el poder que no le corresponde, debe saber que está fuertemente influenciada por el espíritu de Jezabel, tema que enseñe ampliamente en el libro que Dios me permitió titular: **EL MISTERIO DE LA INIQUIDAD** y aun en los libros anteriores.

EL CAMBIO DE RESPONSABILIDAD FAMILIAR POR LA FIEBRE DEL ORO

Otra situación es que cuando fue le época de la fiebre del oro en Estados Unidos de América, los hombres abandonaban sus hogares por mucho tiempo dejando a sus esposas, hijos e hijas para que salieran por sus propios medios, razón por la cual el símbolo que es considerado como el logotipo del escudo de Baja California, es una mujer vestida con ropas militares romanas, llamada diosa Minerva, tomando la posición del hombre que había salido en búsqueda del oro que supuestamente les daría una mejor vida si lograban encontrarlo.

Por otro lado, los hombres después de mucho tiempo, los fines de semana se emborrachaban y se vestían de mujer para bailarle a los demás, se turnaban cada fin de semana; pero al emborracharse se propasaban en todo sentido, entonces puedes ver cómo se cambiaban los papeles de género; en realidad Satanás no desaprovechará ni una sola oportunidad para poner en marcha su operación de error e iniciar así la destrucción de vidas y tergiversando la palabra de Dios.

Los Efectos Acosadores de La Esclavitud

Capítulo 4

El término **ACOSO** o **ACOSADOR** se ha proliferado hoy día en muchos círculos de la sociedad aunque quizá no haya una idea clara y práctica de lo que eso significa, de pronto puede pensarse que solamente se enfoca al área sexual por el llamado **ACOSO SEXUAL**; sin embargo, en términos generales y muy prácticos puede entenderse que un acoso es la presión que se ejerce sobre una o varias personas para hacer lo que quizá ellos no desean hacer.

Dejo ese concepto para tener desde el principio lo que voy a enseñarte en este capítulo y que parecería que se ha convertido en algo que está muy de moda en el mundo, obviamente utilizado por el diablo a través de los vasos que él usa o simplemente son gente que siente una atracción muy fuerte a obligar a otros para que hagan lo que el acosador desea y que está enfocado en el mal o en el pecado.

Es por eso que también mencionaré en este capítulo lo que he mencionado en repetidas oportunidades respecto a los diferentes ángulos de la esclavitud, me refiero a lo siguiente:

1. Psicológico.
2. Neurológico.
3. Bioquímico.
4. Biológico.
5. Genético.
6. Espiritual.
7. Hormonal.
8. Conciencia.

Necesitas tener muy en claro el concepto de la esclavitud y saber que va más allá de una cadena, un grillete, una cárcel; aunque eso es bastante, el efecto de la esclavitud tiene un efecto tan profundo que a su vez lo convierte en un sistema sofisticado de detectar y anular, razón por la cual solamente la poderosa sangre de Jesús puede romperlo al momento en que reconoces la necesidad de Su Señorío en tu vida.

De tal manera que considero necesario apoyarme o continuar un poco más con lo que enseñé en el capítulo anterior en relación a la bioquímica de la esclavitud y tomaré el siguiente versículo como base para el desarrollo:

Levíticos 26:13 "Yo soy el SEÑOR vuestro Dios, que os saqué de la tierra de Egipto **para que no fuerais esclavos** de ellos; rompí las varas de vuestro yugo y os hice andar erguidos.

Me parece muy interesante que Dios emite una ley en un libro donde hay una orden a Su pueblo sobre la forma de vivir, comer, ética, vestido, etc., era el libro que describía la voluntad de Dios para Israel, aunque si bien es cierto que era el deseo de Dios, lo hizo por ley para que rigiera la vida de Su pueblo. Interesantemente llega el momento en el que Dios les hace un recordatorio respecto a la esclavitud como lo describe el versículo anterior, para que ellos pudieran caminar en honra después de toda la humillación que padecieron.

Deuteronomio 6:20-21 Cuando en el futuro tu hijo te pregunte, diciendo: "¿Qué significan los testimonios y los estatutos y los decretos que el SEÑOR nuestro Dios os ha mandado?", [21] entonces dirás a tu hijo: **"Éramos esclavos** de Faraón en Egipto, y **el SEÑOR nos sacó de Egipto con mano fuerte**.

Con esto lo que estoy trasladando, es que en la antigüedad había doctrina que enseñaban los padres a los hijos respecto al tema de esclavitud, con el propósito que supieran que solamente Dios los había pudo rescatar de la mano de Faraón y que no fue tan sencillo como pareciera porque Egipto era el imperio que regía el mundo en aquel entonces, eso significa que el ejército era superior a cualquier que existiera en ese momento; eran los más experimentados en batalla, en estrategia, en equipo, etc., sin embargo Dios libertó a Israel con mano fuerte como lo dice **Deuteronomio 6:21** porque no hay otro que sea más fuerte y grande que Jehová de los ejércitos tu Dios y mi Dios.

Pero entonces el trasfondo de lo que Dios deseaba, era que no se olvidaran de aquella situación y que de generación en generación siguieran trabajando con sus vidas a manera que no volvieran al mismo estado en que sus ancestros habían vivido sino que se mantuvieran en ese estatus de bendición de libertad para lo cual era necesario que vivieran bajo los decretos y estatutos que Dios les había decretado; era una especie de blindaje que debían sostener y trasladar a las siguientes generaciones para que ese acoso fuera debilitado y anulado por completo para ellos.

Aprendiendo Libertad

Deuteronomio 6:6-7 (RV60) Y estas palabras que yo te mando hoy, estarán sobre tu corazón; [7] y las repetirás a tus hijos, y hablarás de ellas estando en tu casa, **y andando por el camino, y al acostarte, y cuando te levantes.**

La doctrina de la esclavitud y libertad debía estar en el corazón y era entonces la razón por la cual la instrucción para los israelitas era repetir 3 veces al día la ley a sus hijos: en la mañana, durante el día y al acostarse.

EL PROCESO CEREBRAL DEL APRENDIZAJE

A través del aprendizaje y la memoria, **construyes** un mundo interior y a través de él evalúas la realidad exterior.

- La etapa de la vida con mayor producción de sinapsis, es en la niñez en las edades entre los 3 y los 10 años.

- En cada segundo se producen en el cerebro, aproximadamente un millón de sinapsis formando nuevas redes neuronales y borrando otras.

Para que tengas una mejor idea a este respecto, puedo decir que Dios dejó la instrucción de lo que debía hacer Su pueblo a sus nuevas generaciones, con el propósito que fueran reprogramados a su estado original donde no se establecía la esclavitud; debían alcanzar el punto máximo de esa enseñanza para caminar en pos de ella lo cual era un aprendizaje diferente a la vida de un esclavo.

Es por eso que cuando se está enfatizando acerca de algo, en este caso, acerca de la libertad; es como decir una ministración de libertad sobre una vida que estuvo repitiendo cosas negativas como ciclos o patrones lo cual es precisamente la estructura de la ciencia de la esclavitud; es esa precisamente la estrategia de hacedores de esclavos, que los recuerdos de los padres esclavos sean trasladados de generación en generación repitiendo lo mismo para que no salgan de su esclavitud; entonces llega el momento en que Dios ordena la limpieza del alma en el proceso cerebral del aprendizaje y se tiene la oportunidad de un reinicio.

Eso significa entonces que Dios está ordenando que se debe trabajar con los vestigios que aun pueden hacer estrados en la vida de alguien que fue esclavo o que tuvo ancestros de esclavitud porque parte de la estrategia diabólica de Satanás, es que todo el proceso que finalmente llevo a una persona para que aceptara la esclavitud; no tuviera que repetirse en la siguiente generación, sino que por herencia o en forma automática los descendientes del esclavo nazcan con esa misma mentalidad.

EL APRENDIZAJE ES IGUAL A NATURALEZA

Comprender o no comprender es igual a naturaleza:

El aprendizaje, incluso el que genera una conducta disfuncional, produce modificaciones en la expresión genética para continuar viviendo bajo ese patrón. Por este motivo todo lo **aprendido** termina expresándose como **naturaleza** y al engendrar descendientes, ellos llevarán aquello que fue como un error de programación cerebral, a menos que, dependiendo del proceso y esfuerzo con que se busque y alcance un cambio, entonces las nuevas generaciones vendrán con su programación original del programa de Dios.

Debes resaltar todo esto en tu vida a manera de poder diferenciar, que si bien es cierto una predicación donde se insiste que se debe dejar la vida antigua o del pasado para empezar con algo nuevo; también debe haber una instrucción de cómo empezar con esa nueva vida, porque es muy fácil decirle a una persona que cambie de modo de vida; lo difícil es decirle cómo debe hacerlo, qué es lo que necesita empezar a trabajar en pos de alcanzar ese cambio.

EL APRENDIZAJE

Es el proceso a través del cual se adquieren o modifican habilidades, destrezas, conocimientos, conductas o valores como resultado del estudio, la experiencia, la instrucción, el razonamiento y la observación.

Los expertos del aprendizaje dicen esto: no es lo mismo que alguien reciba mucho conocimiento, a que ese alguien tome todo ese conocimiento para interiorizarlo, y lo que interiorizó, lo cambie en su forma de ser, pensar, actuar o vivir en general.

Por eso debes saber que si alguien está asimilando el aprendizaje, puede convertirse en una persona creativa a favor de la humanidad, mientras que un esclavo es aquel que solamente hace lo que le ordenan que haga.

Si alguien fue esclavo en el pasado y eso lo llevó a que participara de actos negativos y vergonzosos; eso mismo hace que la gente se sienta acusada en todo momento porque en su alma aun hay vestigios de la esclavitud y recuerdos de lo que hizo; pero cuando llega el proceso del nuevo aprendizaje, entonces se tiene la oportunidad de el principio que verás a continuación; con el propósito de trabajar con esas secuelas que aun hacen tropezar a una persona; desarraigarlas de toda operación de las tinieblas y una vez que entre la nueva y buena programación, se continúe meditando en eso mismo al estilo como lo hacían los israelitas en el Antiguo Testamento y entonces crear una memoria diferente:

- **Cada vez que se evoca un recuerdo o se analiza mentalmente una información, se borra la red sináptica (pensamientos) anterior y graba en su lugar una nueva, reafirmando ciertos aspectos de la información, debilitando otros y agregando nuevos datos a la red neuronal.**

- **Esto significa que cada instante que pasa, el cerebro cambia y literalmente es diferente a como era en el instante anterior.**

Esto es sumamente importante que logres asimilarlo porque cuando logras activar una nueva red de pensamientos en pos de la libertad para derrotar por completo la esclavitud; estás dándole paso a una nueva vida en ti mismo; diría que es como matar al viejo hombre que dominaba tu vida y darle la autoridad total al Espíritu Santo sobre tu vida.

Basándome en que a través del aprendizaje de los decretos de Dios sobre tu alma, podrás programar tu vida al estado original del momento cuando saliste de la mano de Dios; puedo decir entonces que si alguien se resiste al aprendizaje, es porque tiene serios conflictos de esclavitud.

Recuerda que solamente el aprendizaje de la verdadera identidad en Cristo Jesús que tienes, es la que te hace libre, porque es como despertar a una realidad y que todo lo que hayas vivido en el pasado, fue solamente una pesadilla, por eso debo recordar la cita base del primer capítulo:

Juan 8:31-32 (LBA) Entonces Jesús decía a los judíos que habían creído en Él: Si vosotros permanecéis en mi palabra, verdaderamente sois **mis discípulos**; **32** y conoceréis la verdad, y **la verdad os hará libres**.

El contexto de esta cita muestra cómo los judíos de aquel entonces se mostraron molestos con Jesús porque no aceptaban que hubieran sido esclavos, aunque el Señor no les estaba hablando de una esclavitud física sino en el alma, lo que es producto de lo que se considera como una ciencia de esclavitud; pero para ese momento el pueblo de Israel ya había sido esclavo de Egipto y en eran esclavos de los romanos, diferentes de cómo lo sufrieron en Egipto, pero no reconocían su condición, menos aun reconocer que todo lo que habían aprendido desde Egipto, se había convertido en su naturaleza, en su modo de vida.

LA ESCLAVITUD INTERIOR SE LIBERA AL APRENDER
(**La ley de los miembros**)

Lo que aprendiste viene a ser ley en los miembros y esta ahí, en tu cuerpo hasta que aprendas de nuevo lo bueno. La enseñanza de las cosas malas hace que el cerebro sufra una alteración hasta la genética, porque lo que se aprende viene a expresarse como la naturaleza a la que el individuo pertenece, por ejemplo: naturaleza de hacer lo malo.

Cuando alguien aprende a hacer el mal, le cambia la genética y hará lo malo una vez y otra vez, convirtiéndose así en costumbre, en lo normal, en su modo de vida. Por eso es peligroso desconocer quién es el que te está enseñando porque se aprender a robar, fumar, mentir, fornicar, murmurar, criticar, difamar, rebelarse, etc. Pero si te unes con alguien que busca a Dios y a cumplir Sus ordenanzas, eso cambiará tu genética y será tu costumbre, tu forma de vida en lo cual también debes perseverar para que finalmente haya un vencimiento de lo bueno sobre lo malo.

La Obra del Esclavista

A manera de resumen, de lo que es un esclavo, según las cosas que hasta aquí has podido ver, puedo decir lo siguiente:

ESCLAVITUD ES LA OBRA MAESTRA DE UN ESCLAVISTA

¿Cómo se hace un esclavo?

1. Un esclavo es una persona bajo la manipulación psicológica, espiritual y física.

2. Uno que está bajo engaños cuidadosamente calificados para producir efectos a largo plazo.

Cuando una persona se dedica a hacer una estrategia para esclavizar, se convierte en maestro de esclavos; porque se ha dado a la tarea de estudiar con detenimiento a otros y se enfoca en la debilidad que logra descubrir con el propósito de dominar y tener sojuzgado a los que ha estudiado. Un ejemplo que puedo mencionar en esto es de la siguiente forma:

Una mujer que ha sido abandonada por un hombre y luego inicia una relación con otro; de pronto ese segundo hombre logra identificar que aquella persona tiene miedo a quedarse sola, de tal manera que el hombre la amenaza con dejarla si ella no hace todo lo que él quiere.

Lamentablemente de igual forma actúa el diablo con el creyente; cuando alguien no ha sido totalmente sanado en alguna área de su vida y aun tiene sangrante la herida en el alma; el diablo hace que lleguen pensamientos pecaminosos para hacer que aquella persona tropiece en el pecado para tenerla sojuzgada nuevamente en el mismo problema. De tal manera que para evitar esa situación, se termina cayendo en otras situaciones que quizá son menos problemáticas, sin embargo lo que el diablo está aprovechando es la esclavitud de cualquier forma para tener a esa persona atrapada en pensamientos de su vida pasada.

3. Un esclavo moderno puede definirse fácilmente como la persona que lleva en su mente ideas viejas, planes del antiguo fabricante de esclavos, entiéndase el diablo, para que en cualquier momento alcance a tener un nivel de vida al cual no pertenece, por ejemplo: caer en lo que es llamado, el síndrome de los 40; la persona quiere llevar una vida como si fuera un joven de 20 años de edad y quizá ya pertenece a la llamada tercera edad; también puede ser que

Los Efectos Acosadores de La Esclavitud

funcione al revés, le mencionan un plan que no pudo alcanzar en su juventud y eso hace que se deprima cuando nota que ya no tiene la edad para realiarlo.

4. Esclavo es, uno que a pesar de que no está su opresor a su lado físicamente, en el fondo de su mente sigue sintiendo un potente temor de su verdugo.

5. Debajo del miedo está la falta de confianza en su propia habilidad para realizar algunas actividades en su trabajo, centro de estudios, etc.

6. Conectado a la idea de la mayor capacidad que tienen las personas o entidades que lo oprimen. Esto es la persona que siente la superioridad de sus opresores y hace que se sienta débil o indefenso.

7. Convirtiendo la esclavitud en un estado en el corazón, en el alma y la mente de la persona.

Los Efectos Bioquímicos De La Esclavitud

La que mostraré a continuación es una ampliación de los efectos bioquímicos de la esclavitud, es decir cómo cambia la bioquímica, las consecuencias y la parte espiritual. Considero necesario dejarlo plasmado a este nivel por la vinculación que tienen los 8 diferentes ángulos que describí al principio de este capítulo.

Hay 2 formas de alterar la bioquímica en el cuerpo del esclavo:

1.- A TRAVÉS EL PROCESO TRAUMÁTICO

La alteración de la bioquímica se consigue a través de un proceso traumático:

- Cuando se altera la bioquímica de un esclavo, también tendrá un impacto en las células de su cuerpo, las cuales más tarde serán como registros de esclavitud en la anatomía física, es decir en la parte biológica del esclavo.

- Esto fue lo mismo que sucedió con Israel en Egipto, ellos fueron oprimidos, amargados por sus opresores, castigados en sus cuerpos hasta dejarles marcas.

MAYORDOMOS Y CAPATACES
- NAGAS Y SAR -

Los Efectos Acosadores de La Esclavitud

Necesito mencionar brevemente algo que ya expliqué anteriormente, con el propósito de hacer la vinculación con lo que explicaré más adelante y tener así una mejor panorámica a este respecto y que veas cómo se entrelazan los 8 ángulos de la esclavitud:

Éxodo 3:7 (BLAS) Yavé dijo: "He visto la humillación de mi pueblo en Egipto, y he escuchado sus gritos cuando lo **maltrataban** sus mayordomos (Nagas). Yo conozco sus sufrimientos…

De aquí puedo decir entonces que el maltrato altera la bioquímica del ser humano, dicho en otras palabras, Israel fue sometido a ese cambio por los constantes golpes que sufrieron.

Éxodo 1:11 (LBA) Entonces pusieron sobre ellos **capataces** ("Sar") para oprimirlos con duros trabajos. Y edificaron para Faraón las ciudades de almacenaje, Pitón y Ramsés.

Entonces no fue solamente el maltrato, sino que también los oprimieron obligándolos a hacer duros trabajos. Lo que estaba padeciendo el pueblo de Dios era que siendo humanos, los estaban tratando como que fueran robots sin derecho a quejarse o a decir que estaban cansados, con hambre, sed, etc. Los que no daban todo o si los egipcios querían, los desechaban matándolos porque no les eran útiles. De tal manera que si no morían dando más allá de sus límites en fuerza; igual los mataban por no hacerlo; pero el punto es que de esa forma era como les estaban cambiando la bioquímica.

1. Mayordomos – Nagas

Es el fabricante de esclavos y produce las marcas físicas en el cuerpo de esclavos, somete bajo tortura, ejerce violencia y constante manipulación.

Nagas: Un esclavista, verdugo que golpea, tortura, que fabrica esclavos con temor y violencia.

2. Capataces – Sar

Es el que entrena como un maestro de esclavitud, rompe la voluntad y el espíritu de la misma forma que se entrena un caballo.

Sar: Jefe que da ordenes y dice qué hacer y cómo hacerlo, maestro de esclavos que entrena. Es el que tiene la doctrina para hacer esclavos.

Un esclavo es alguien que entró en el proceso llamado **animalización** para desconectarlo de su naturaleza o de su núcleo y que viva llevando en su mente y hormonas, efectos bioquímicos que le cambien lo que originalmente tuvo en su mente y alma; llevando las marcas del cuerpo que son los registros de esclavitud en la anatomía física.

Esto además de ser fabricado como esclavo, también es entrenado como tal para llevar voluntariamente la carga pesada de construir para otros, imperios económicos, estructuras arquitectónicas, etc., es lo mismo como los hebreos fueron usados en Egipto:

Éxodo 1:11 (LBA) Entonces pusieron sobre ellos capataces para oprimirlos con duros trabajos. Y edificaron para Faraón las ciudades de almacenaje, Pitón y Ramsés.

Definiendo Los Efectos De La Bioquímica

La alteración de la bioquímica se consigue a través de, o por la fuerza bruta **(proceso traumático) para que el pensamiento repita el trauma** y que en la química del individuo quede una huella registrada, como si fuera por medio de un hierro candente; y se unirá con la estructura genética de las células.

El problema de esta situación, cuando no se busca ayuda para ser verdaderamente libre, es que la persona puede sufrir de bipolaridad en su personalidad; incluso con más de 2 personalidades a consecuencia de los traumas sufridos en los procesos de esclavitud, aunque estos no sean precisamente en lo físico, como podría ser el hecho de vivir en una cárcel o estar con grilletes.

Una esclavitud podría ser el proceso que sufre una persona desde su niñez, por el maltrato que sufre de las personas con que se está criando. En algunos casos son niños que han vivido en varios hogares de familiares y cada uno lo maltrató de diferente manera; eso mismo ha marcado su alma sin poderse liberar de esas sus opresores hasta que tiene la edad necesaria de seguir su propio camino, pero para ese momento su alma está fragmentada y tiene varias personalidades dependiendo de los tratos que llevó y es entonces lo que manifestará en la sociedad, teniendo problemas incluso con la ley del país donde viva.

Efectos generacionales: es trasmitir a sus descendientes de manera genética el trauma, dolor y la ira de aquella fuerza bruta que le aplicaron.

A este respecto expliqué ampliamente en el libro que Dios me permitió escribir, titulado **LOS ANCESTROS**. Ahí explico que las terapias de profesionales no garantiza la libertad que la persona necesita; ciertamente pueden ayudar, pero funcionan solamente como un paliativo porque el efecto del trauma es espiritual. Un trauma puede llegar a estar codificado en los genes, de tal manera que cuando esa persona engendra hijos e hijas; llevarán herencia de un trauma porque eso fue lo que recibieron de sus padres, lo que hace que empiecen a batallar con esos traumas sin que los hayan padecido directamente.

Aquí es donde estoy haciendo el vínculo y es la razón por la cual repetí un segmento de algo que ya había descrito en el capítulo anterior, porque si todo esto tiene lugar, si hay una herencia de genes en esclavitud, entonces pasa a lo siguiente:

La Esclavitud Como Institución Familiarizada

El trabajo interior de la esclavitud resulta en la aceptación y la tolerancia de las cosas que tienen que ver con la vida de esclavos y aceptar pasivamente como que fuera natural; por ejemplo:

La casa de esclavitud es el lugar donde alguien creció con un cúmulo de costumbres erróneas, las cuales dan lugar a los ciclos viciosos en la vida con apariencia de normalidad pero silenciosamente están trabajando bajo un régimen de esclavitud en el alma; se recibieron y se trasmitirán a futuras generaciones.

Cabe mencionar que para poder ministrar a una persona con problemas de esclavitud en su alma; no se deben imponer reglas que conduzcan a un legalismo, sino que, debe darse el seguimiento necesario para que desde la base del problema se desarraigue para que no quede ninguna raíz de amargura que con el pasar del tiempo pretenda hacer estragos familiares por situaciones de herencia ancestral.

Es mejor tomarse el tiempo, tanto de la persona afecta como de la persona que ministra el alma de otros, para que a la luz de la palabra, su enseñanza y con la unción del Espíritu Santo en Sus siervos; se llegue a una total liberación y se cumpla lo escrito en la Biblia cuando dice: **...y conoceréis la verdad y la verdad os libertará.**

CASA DE ESCLAVITUD

Éxodo 13:3 (LBA) Y Moisés dijo al pueblo: Acordaos de este día en que salisteis de Egipto, de la **casa de esclavitud**, pues el SEÑOR os ha sacado de este lugar con mano poderosa. No comeréis en él nada leudado.

Cuando llegaba el día de comer pan sin levadura, era el momento para recordar aquel día y tener una reflexión de lo que debían seguir guardando; lo interesante en esto es que está relacionado con la comida, porque la bioquímica tiene más de una forma de ser alterada, no solamente con traumas por violencia, sino que también por la comida.

Entonces, una casa aunque sea de cristianos, se puede convertir en una casa de esclavitud si se mantiene con los mismos hábitos de la casa de crianza donde posiblemente no se logró detectar un vinculo de esclavitud. Por eso es necesario examinar qué es lo que se hace, cómo se hace y si es la voluntad de Dios la forma en que una familia está caminado delante de Dios, esto con el propósito de mantenerse en el camino correcto o encausarse si no se está caminando por donde el Señor desea.

Ejemplos de casa de esclavitud:

1. **Casa de temor:** cultura del miedo.

2. **Casa de ley o legalismo:** extremadamente estrictas sin permitir que el Espíritu Santo obre en la vida de los demás. Esto es cuando hay integrantes de la familia con problemas que nadie puede cambiarlos, son cosas imposibles para el humano y por consiguiente solamente Dios, siendo especialista en imposibles, puede obrar.

3. **Casa de deudas:** bajo presión de acreedores.

4. **Casa sin orden:** no hay reconocimiento a la jerarquía que Dios estableció en la familia.

5. **Casa sin estructura.**

PATERNIDADES DE ESCLAVITUD

Gálatas 4:24-26 (LBA) Esto contiene una alegoría, pues estas mujeres son dos pactos; uno procede del monte Sinaí que **engendra hijos para ser esclavos**; éste es **Agar**. [25] Ahora bien, Agar es el monte Sinaí en Arabia, y corresponde a la Jerusalén actual, **porque ella está en esclavitud con sus hijos**. [26] Pero la Jerusalén de arriba es libre; ésta es nuestra madre.

Aquí puedes ver el ángulo genético de la esclavitud y el derecho del sistema con el cual se prolonga en los hijos la esclavitud porque es como un virus que ataca la información genética y pone su propia información; es como un derecho que concede las PATERNIDADES a que la esclavitud se perpetúe en la siguientes generaciones si no se rompe verdaderamente, de manera que se manifiesta en 4 importantes grupos:

1. **Esclavo de los ancestros.**
2. **Esclavo de los vicios.**
3. **Esclavo de eventos.**
4. **Esclavo de heridas.**

Cuando los hijos están acostumbrados a la esclavitud de sus padres, es muy fácil caer en ese hábitat paternal. Lamentablemente ningún padre tiene solvencia para romper la esclavitud en sus descendientes si no rompe con su propia esclavitud.

Quizá uno de los mayores obstáculos para alcanzar la libertad, sea el hecho de no aceptar que se es esclavo de algo porque en cierto modo es vergonzoso. Si alguien dice que es esclavo del licor, la sociedad lo tilda de alcohólico o dependiendo en qué esté esclavizado, la sociedad; sea cual sea el nivel, lo tildará bajo un epíteto vergonzoso; por tal razón el esclavo o la esclava prefieren seguir en su círculo vicioso luchando diariamente con su problema por alcanzar la libertad, pero por la falta de discernimiento o sabiduría que la misma esclavitud los ha privado; no logran salir por completo y es entonces donde constantemente están cayendo en su mismo problema, pero insisto, todo es por la vergüenza de no aceptar su problema para buscar ayuda en otra persona.

La segunda forma de alterar la bioquímica del cuerpo humano es de la siguiente forma:

2.- A TRAVÉS DE LOS ALIMENTOS

En la alteración de la bioquímica por medio de la nutrición que recibe el esclavo, el metabolismo de su cuerpo es alterado y producirá la disposición a enfermedades que lo conducirá a la muerte.

La estrategia de los esclavistas era que la dieta de aquella persona esclava, lo llevara a determinada edad sin que eso abarcara a que pudiera llegar a lo que hoy se conoce como la tercera edad. Lo que se pretendía es que la gente se muriera aun siendo capaz de ser productivo antes de invertirle a un anciano al que no le podían exigir ningún beneficio porque su fuerza lo había abandonado; porque la esclavitud eso es lo que busca, explotar a la persona mientras tiene energía, una vez inicia su proceso de vejez, lo desecha.

EL ALIMENTO DEL ESCLAVO
- PLACERES FORMADOS -

La nutrición y dieta de los placeres, gustos, deleites o apetitos pueden influir fuertemente en la formación de un esclavo, no solamente en la herencia, sino en la dieta que pueda llevar por lo que una madre decida cómo alimentar a sus niños y/o niñas.

La palabra nutrición designa el conjunto de procesos mediante los que el organismo vivo utiliza distintos componentes de los alimentos para la liberación de energía. La nutrición es una parte de la bioquímica, si es un alimento que tiene los nutrientes adecuados, alcanzas a tener la energía que necesitas, pero si no tiene lo que tu cuerpo necesita, simplemente no tendrás la energía requerida, de tal manera que la fuerza que hagas te lleva a un desgaste aun de lo que no tienes en reserva de tu cuerpo, de tal manera que te vas gastando hasta llegar al límite de la muerte como lo expliqué anteriormente.

EL ALIMENTO DEL ESCLAVO

Durante 40 años Israel mantuvo en el desierto la queja por la comida.

Números 11:4 (LBA) Y el populacho que estaba entre ellos tenía un **deseo insaciable**; y también los hijos de Israel volvieron a llorar, y dijeron: **¿Quién nos dará carne para comer?**

Despreciaron la comida de poderosos, de ángeles, de nobles.

Números 11:7-8 (LBA) Y el maná era como una semilla de cilantro, y su aspecto como el del bedelio. **⁸** El pueblo iba, lo recogía y lo molía entre dos piedras de molino, o lo machacaba en el mortero, y lo hervía en el caldero y hacía tortas con él; y tenía el sabor de tortas cocidas con aceite.

El pueblo menospreció el favor de Dios que veían caer del cielo para poderse alimentar, no era comida de esclavos como ellos estaban acostumbrados diariamente; Dios estaba trabajando en el cambio que necesitaban en su dieta, estaba limpiándoles su paladar, entonces les enviaba comida de ángeles para restaurar su bioquímica alterada por sus ancestros; sin embargo no comprendieron y menospreciaron el favor de Dios.

Salmos 78:24-25 (LBA) …hizo llover sobre ellos maná para comer, y les dio comida del cielo. **²⁵** Pan de ángeles comió el hombre; Dios les mandó comida hasta saciarlos.

Algunos estudiosos dicen lo siguiente: el mana tenía la sobrenaturalidad que cambia de sabor según la mente del que lo comía y se disolvía en el paladar a manera de no hacer trabajar forzadamente el aparato digestivo, les hacia más ligera la digestión. Los descontaminaba de los efectos bioquímicos de la comida egipcia.

Cuando Dios ve la reacción de aquella gente, les concede el deseo de su carne:

Salmos 78:26-31 (LBA) Hizo soplar en el cielo el viento solano, y con su poder dirigió el viento del sur, ^{27} Él hizo llover sobre ellos carne como polvo, aladas aves como la arena de los mares, ^{28} y las hizo caer en medio del campamento, alrededor de sus viviendas. ^{29} Comieron y quedaron bien saciados, y les concedió su deseo. ^{30} Antes de que hubieran satisfecho su deseo, mientras la comida aún estaba en su boca, ^{31} la ira de Dios se alzó contra ellos y mató a algunos de los más robustos, y subyugó a los escogidos de Israel.

Es interesante que la comida forma parte en la fabricación de un esclavo:

Números 11:5-6 (LBA) Nos acordamos del pescado que comíamos gratis en Egipto, de los pepinos, de los melones, los puerros, las cebollas y los ajos; ^{6} pero ahora no tenemos apetito. **Nada hay para nuestros ojos excepto este maná.**

- El alimento de un esclavo intenta alterar la bioquímica y el metabolismo de la persona.

- El metabolismo de un organismo determina las sustancias que encontrará nutritivas y las que encontrará tóxicas.

LA ALTERACIÓN BIOQUÍMICA

Éxodo 16:3-4 (LBA) Y los hijos de Israel les decían: Ojalá hubiéramos muerto a manos del SEÑOR en la tierra de Egipto cuando nos sentábamos junto a las ollas de carne, cuando comíamos pan hasta saciarnos; pues nos habéis traído a este desierto para matar de hambre a toda esta multitud. **4** Entonces el SEÑOR dijo a Moisés: He aquí, haré llover pan del cielo para vosotros; y el pueblo saldrá y recogerá diariamente la porción de cada día, para ponerlos a prueba si andan o no en mi ley.

Israel no supo valorar lo que Dios les estaba proveyendo como alimento porque estaban infestados de esclavitud aun en su paladar; si la comida que comían en Egipto era amargura, preferían eso y no la dulzura de Dios; en Egipto se sacrificaban por su comida mientras que en el desierto Dios se las regalaba sin esfuerzo alguno, solamente debían levantarla de donde caía.

Según estudios, la dieta actual que consumen las personas que fueron esclavizadas, en un 80% se componen de los mismos alimentos que fueron obligados a comer durante la esclavitud de sus ancestros, esto abarca continentes esclavizados, por ejemplo:

- La dieta de africanos, al día de hoy está sobrecargada de ácidos que destruyen el sistema digestivo.

- El consumo de dietas cuantitativa o cualitativamente inadecuadas, es causa de enfermedades y muertes a temprana edad en términos generales, principalmente en la raza afroamericana.

La alteración bioquímica comprende una lista de todos los alimentos que se hicieron parte de la dieta de los esclavos en la nueva tierra.

- Alimentos que en realidad degrada el equilibrio del cuerpo, un ejemplo que puedo mencionar es el alimento en la gente de raza afroamericana.

- La dieta de la raza afroamericana hasta el día de hoy, es de alimentos altamente concentrada en vitamina K, ingrediente responsable de la producción de coágulos sanguíneos (en términos generales), siendo así un enemigo del sistema de circulación del cuerpo humano debido a que espesa la sangre poniendo una presión alta en las venas y arterias.

- La vitamina K en exceso en la sangre es en gran medida responsable de tantos accidentes cerebro vasculares.

- Estos alimentos estaban sobrecargados de ácido destruyendo así el sistema digestivo.

LOS APETITOS DEL ESCLAVO

Espiritualmente hablando, significa que así es aquel creyente que no ha considerado la esclavitud de la cual aun no ha sido verdaderamente libre, sigue anhelando un 80% de esa comida, por consiguiente es propenso a seguir esclavo del pecado.

Números 11:5 Nos acordamos del pescado que comíamos gratis en Egipto, de los pepinos, de los melones, los puerros, las cebollas y los ajos…

- Dieta de cebollas, ajos, pepinos, puerros, melones; todo eso significan las cosas que la gente piensa que no podrá vivir sin dejar de comerlo o practicarlo.

- El consumo de alimentos por el hombre, no sólo está determinado por factores

Los Efectos Acosadores de La Esclavitud

fisiológicos, sino también por factores culturales, educativos, sociales y económicos.

- Espiritualmente eso significa los hábitos, costumbres, tradiciones, apetitos de cosas que corrompen tu vida y que constantemente te hacen tropezar en pecados que se creen sojuzgados.

Cambia tu dieta espiritual y cambiarás tu forma de vida agradando así el corazón de Dios.

Los Efectos En La Dieta De La Esclavitud

Capítulo 5

En los capítulos anteriores estuve mencionando acerca de la bioquímica por el impacto que tiene en el cuerpo humano, al ordenamiento de ciertas características y que lo pueden conducir de determinada manera, dependiendo entonces de una buena o mala nutrición, esta influye en la esclavitud.

A continuación detallo el versículo que utilizaré como base para el desarrollo de este capítulo:

Romanos 16:18 (LBA) Porque los tales **son esclavos**, no de Cristo nuestro Señor, sino **de sus propios apetitos**...

Espiritualmente hablando, significa que así es aquel creyente que aun no ha considerado la esclavitud de la cual no ha sido verdaderamente libre, sigue anhelando un 80% de la misma comida que antes tenía; entiéndase con esto, aquello que lo alimenta a través de sus diferentes sentidos, por ejemplo: la dieta con lo que alimenta su espíritu por medio de la vista.

Posiblemente alguien es creyente, aceptó a Jesús como Su Señor y Salvador, sin embargo sigue en esclavitud porque no se esfuerza en cambiar sus hábitos alimenticios; entiéndase con esto que sigue viendo pornografía; eso lo hace porque aun está en una cárcel de la cual no saldrá si no cambia su forma de vida.

Es necesario recordar que si bien es cierto que Dios está obrando en la vida de cada persona, también es necesario que se le entregue la voluntad para que obre la Suya en todo momento, por eso es necesario morir al viejo hombre, a la vida que se tuvo en el mundo para darle paso a una verdadera y total vida nueva en Cristo.

Por eso, una manera de examinar los estragos de la esclavitud, está en la base de los apetitos, deseos, placeres, etc., que puede tener una persona, lo cual está dentro del ángulo de la esclavitud de la bioquímica, considerando con esto que la contaminación del mundo logra un vínculo de acuerdo a lo que se lleva en el alma por los deseos pecaminosos a los que está acostumbrado a vivir; entonces en el momento que se entra en la atmósfera de pecado que concuerda con los apetitos de la carne, se alimenta determinado pecado, se fortalece y es más difícil romper con esa esclavitud.

La ciencia de la esclavitud es la que permite que se prolongue por milenios y alcance muchas generaciones y sólo conociendo la verdad se puede romper y ser libre verdaderamente.

La razón de la prolongación de la esclavitud, se debe a que la esclavitud es un sistema que abarca y crea estragos en los siguientes ángulos, los cuales he enlistado en los capítulos anteriores también pero lo he repetido para que lo lleves presente:

1. Psicológico.
2. Neurológico.
3. Bioquímico.
4. Biológico.
5. Genético.
6. Espiritual.
7. Hormonal.
8. Conciencia.

Los Efectos Bioquímicos De La Esclavitud

A manera de dejar una reseña para poder ampliar el ángulo de la bioquímica, debo recordar que la esclavitud, siendo una ciencia tan amplia para atacar; se basa en 2 estrategias:

1. A través de un proceso traumático.

2. A través de los alimentos.

En el primero y quizá es el más común aunque no por eso deja de ser muy fuerte; es el que sufre un niño a temprana edad dejando con esto adversidades tempranas; algo que enseñaré en los siguientes capítulos, pero está relacionado con esto porque es desde ese momento en que, a consecuencia de los traumas que sufre en su casa por la irresponsabilidad de los progenitores que descargan su ira en los niños; ellos inician una involución de lo que podrían llegar a ser, por ejemplo: si el niño ha padecido adversidades tempranas, eso le impedirá que se desarrolle al 100% y que consecuentemente viva menos de los años que la Biblia determina.

De aquí entonces el por qué de los problemas en personas que son llamados bipolares aunque pueden tener más de una personalidad como se ha reportado oportunamente, porque aquella persona, que en su niñez padeció el trauma, en manos de otros, sencillamente lo marcaron porque cada uno le ministró la maldad de su alma de acuerdo a lo que ellos llevaban dentro, creando así a una persona incontrolable incluso en la sociedad. Pero el punto principal hacia donde deseo llegar es que todo se relaciona por los efectos bioquímicos en el cuerpo humano.

Por supuesto que no hay esclavitud que Dios no pueda romper, pero para eso es necesario que haya un deseo intenso de alcanzar a ser verdaderamente libre, buscar ayuda, buscar ministración del alma y darle seguimiento de acuerdo a lo que el ministro de Dios considere pertinente y estar en la disposición de abrir el corazón en la ministración para que la luz de Jesús ilumine y muestre el desorden y que todo empiece a cambiar de acuerdo a los planes de Dios.

En el segundo segmento, refiriéndome a los alimentos, quizá sea el más sutil porque difícilmente alguien acepta que está siendo fuertemente trabajado en la esclavitud a través de los alimentos. Sin embargo, no por eso dejará de ser una gran verdad que se ha descubierto y que al llegar a ser verdad es necesario trabajar en pos de esa liberación también.

La alteración de la bioquímica es también entonces por medio de la nutrición que recibe el esclavo, esos alimentos alterarán el metabolismo de su cuerpo y producirá la disposición a enfermedades que lo conducirán a la muerte a temprana edad para evitar así al esclavista que tenga que cuidar ancianos; lo que buscan es esclavizar y antes que lo abandonen sus fuerzas, poderse deshacer de aquella persona.

Aquí puedo mencionar nuevamente el aspecto de la niñez, porque dependiendo de la nutrición que haya recibido, eso incide grandemente en lo que pueda alcanzar a ser la persona adulta, de tal manera que si en la niñez hubo una mala alimentación o alimentación de esclavo que haya provocado que no se desarrollara adecuadamente, consecuentemente las oportunidades de poderse desarrollar como una persona con el mismo nivel de oportunidades promedio, fue menor y lo obligó a vivir de una forma subdesarrollada; quizá tuvo las oportunidades como todos, pero no las pudo aprovechar porque su coeficiente intelectual era menor al promedio de gente de la misma edad de aquella persona en su niñez.

La Esclavitud a Través De La Comida

Entonces puedo decir que la dieta de los esclavos fue parte de la ciencia de la esclavitud:

Números 11:5 Nos acordamos del **pescado** que comíamos gratis en Egipto, de los **pepinos**, de los **melones**, los **puerros**, las **cebollas** y los **ajos**; ⁶ pero ahora no tenemos apetito. Nada hay para nuestros ojos excepto **este maná**.

Una de las primeras cosas que Dios hizo con los israelitas cuando los libertó de Egipto, yendo rumbo a la tierra de Canaán, tierra de la abundancia; fue cambiar la dieta que tenían mientras eran esclavos y en su proceso de libertad Dios les ministró maná con el cual les eliminaría el apetito por la comida de Egipto.

Lo que puedo discernir en esto es que si Dios les dio un alimento diferente mientras pasaban el desierto, es obvio que estaban quitándoles algo no saludable, les estaba quitando el alimento que era ciencia de la esclavitud egipcia, por el alimento de la libertad; en ambos casos estaba incidiendo el alimento en la bioquímica.

¿QUÉ ERA EL MANÁ?

Números 11:7-10 Y el maná era como una semilla de cilantro, y su aspecto como el del bedelio. **⁸** El pueblo iba, lo recogía y lo molía entre dos piedras de molino, o lo machacaba en el mortero, y lo hervía en el caldero y hacía tortas con él; y tenía el sabor de tortas cocidas con aceite. **⁹** Cuando el rocío caía en el campamento por la noche, con él caía el maná. **¹⁰** Y Moisés oyó llorar al pueblo, por sus familias, cada uno a la puerta de su tienda; y la ira del SEÑOR se encendió en gran manera, y a Moisés no le agradó.

Números 11:13 ¿De dónde he de conseguir carne para dar a todo este pueblo? Porque claman a mí, diciendo: "Danos carne para que comamos."

Con estos versículos puedes ver lo que era el maná, pero también puedes ver cómo fue que el pueblo de Israel lo rechazó, tenían tan arraigada la dieta de esclavos, al punto que no les gustó el cambio de comida.

Lo mismo sucede en lo espiritual, algunas personas quieren ser libres pero no quieren cambiar su forma de vida; le piden a Dios que los ayude y cuando reciben la ayuda, son atraídos por el mundo porque prefieren seguir guardando lo que llevan dentro, las costumbres del mundo las tienen demasiado arraigadas lo cual involucra comidas; les hacen creer que nada les cambiará un plato de comida que está dedicado a los muertos, despertándoles nuevamente con eso, el deseo de seguirse alimentando de algo que los tiene esclavizados precisamente a costumbres del mundo que los vincula a un mundo de tinieblas.

Visto desde el punto de vista natural, la comida es 1 de los 3 deseos más intensos de la humanidad:

- **Es uno de los fuertes deseos en la psiquis humana.**
- **Es uno de los grandes problemas en algunos países por ser adictos a la comida.**
- **Existen estudios que han dejado ver que en la comida va lo que forma la adicción.**
- **La adicción a la comida es la que causa la mayor parte de las enfermedades.**

Espiritualmente hablando, hay gente que prefiere seguir en su vana manera de vivir y no hacer ningún cambio que los liberte de la esclavitud de las tinieblas, de la esclavitud del pecado cualquiera que sea; conocieron a Jesús, pero prefieren estar jugando a la religión, participando así de fiestas paganas que involucran comidas y efectos tanto en lo físico como en lo espiritual.

EL NUEVO ALIMENTO DE LA TIERRA DE LA PROMESA

Deuteronomio 8:7-8 Porque el SEÑOR tu Dios te trae a una tierra buena, a una tierra de corrientes de aguas, de fuentes y manantiales que fluyen por valles y colinas; **8** una tierra de **trigo** y **cebada**, de **viñas**, **higueras** y **granados**; una tierra de **aceite de oliva** y **miel**...

Lo que remarqué en este versículo son los 7 alimentos con los que Israel cambiarían la dieta de esclavos a libres. Interesantemente esos 7 alimentos forman parte de la dieta mediterránea y es la gente que mayor índice de vida tiene en todo el mundo.

LA PROGESIÓN DE LA COMIDA DE ESCLAVOS

Números 11:4 Y el populacho que estaba entre ellos tenía un deseo insaciable; y también los hijos de Israel volvieron a llorar, y dijeron: **¿Quién nos dará carne para comer?**

El populacho era otra gente que se había mezclado entre los israelitas para que dijeran que había problema en pedir lo que ya describí, entonces empezaron a pedir carne, pero no les dieron carne de res, sino codornices, carne que tiene un alto contenido de grasa.

Siete alimentos en total:

1. Pescado.
2. Pepinos.
3. Melones.
4. Puerros.
5. Cebollas.
6. Ajos.
7. Codornices.

Dios les había dado Maná para que después pudieran comer los 7 nuevos alimentos de la tierra prometida.

Números 11:18-20 Y di al pueblo: "Consagraos para mañana, y comeréis carne, pues habéis llorado a oídos del SEÑOR, diciendo: '¡Quién nos diera a comer carne! Porque nos iba mejor en Egipto.' El SEÑOR, pues, os dará carne y comeréis. **19** "No comeréis un día, ni dos días, ni cinco días, ni diez días, ni veinte días, **20** sino todo un mes, hasta que os salga por las narices y os sea aborrecible, porque habéis rechazado al SEÑOR, que está entre vosotros, y habéis llorado delante de El, diciendo: '¿Por qué salimos de Egipto?'"

Dios cambiándoles su forma de vida, lo rechazan porque anhelaban lo que habían dejado atrás. En lo espiritual esto representa aquella gente que está sumamente necesitada de Dios, necesitan un cambio urgente; sin embargo prefieren seguir de la mano con el mundo, es tan fuerte su esclavitud que no creen que Dios tenga el poder de libertarlos.

Números 11:31-33 (LBA) Y salió de parte del SEÑOR un viento que trajo codornices desde el mar y *las* dejó caer junto al campamento, como un día de camino de este lado, y un día de camino del otro lado, por todo alrededor del campamento, y como dos codos *de espesor* sobre la superficie de la tierra. **32** Y el pueblo *estuvo* levantado todo el día, toda la noche, y todo el día siguiente, y recogieron las codornices **(el que recogió menos, recogió diez homeres)**, y *las* tendieron para sí por todos los alrededores del campamento. **33** Pero mientras la carne estaba aún entre sus dientes, antes que la masticaran, la ira del SEÑOR se encendió contra el pueblo, y el SEÑOR hirió al pueblo con una plaga muy mala.

DATOS ESTADÍSTICOS DE CODORNICES

Homer = montón - equivale a una carga de asno.

Originalmente el término significaba una carga de asno, la carga que podía llevar un asno, equivalente a diez efa o 370 litros, cada efa es igual a 37 litros y un litro es 2.2 libras.

¿Cuántos montones de codornices recogió el israelita que tuvo menos?

Números 11:32 = 10 homeres 370 litros x 2.2 = 814 libras de codornices cada israelita.

1. Las codornices llenaron la tierra hasta 2 pies de altura, eran 600,000 mil hombres sin contar mujeres y niños según **Éxodo 12:37**, en total 3 millones de personas.

2. 36 horas se llevó recoger las codornices esto según **Éxodo 11:32**.

3. El que recogió menos fue de 10 Homer.

4. Un Homer equivale a 10 efas, 1 efa equivale a 10.5 canasta de codornices, lo que es lo mismo a decir 105 canastas de codornices, lo cual es la medida de 10 Homer.

5. Un Homer en medida de efa son 37 litros y en 10 son 370 litros.

6. Un litro es el equivalente de 2. 2 libras

7. 10 Homer es 370 litros x 2.2 libras es 814 libras de codornices.

8. 814 libras de codornices es el que menos recogió.

9. Esto equivale a 6,000 codornices por persona.

EQUIVALENTE Y COSTO ACTUAL DE LO QUE COMIERON

1. 2.5 billones de galones de codornices (2 millones quinientos mil galones de codornices).

2. El valor actual es de 20,000 millones de dólares americanos (20 billones de dólares).

3. Los comieron en 30 días.

LA COMIDA AFECTÓ LA BIOQUÍMICA DEL ISRAELITA

Es interesante cómo se fue degradando la vida del humano porque Adán vivió 930 años **(Génesis 5:5)**, después dice la Biblia que Enoc vivió 365 años **(Génesis 5:23)**, aunque él no murió sino que Dios se lo llevó, pero en la Tierra estuvo 365 años. Después del diluvio, el promedio de vida del humano era de 120 años **(Génesis 6:3)**. Sin embargo pasa el tiempo y disminuye ese promedio de vida porque entonces dice el salmista:

Salmos 90:10 Los días de nuestra vida llegan a **setenta años**; **y en caso de mayor vigor, a ochenta años**. Con todo, su orgullo es sólo trabajo y pesar, porque pronto pasa, y volamos.

Interesantemente Moisés escribe este Salmo, aunque fue a quien Dios le dictó el Pentateuco, y aunque para aquel entonces el promedio de vida era diferente; por inspiración de Dios quedaría escrito y sobreentendido que aquel pueblo seguiría comiendo como esclavos y les reducirían su promedio de vida porque como lo he mencionado en repetidas oportunidades, la comida les cambió su bioquímica.

La Dieta para Cautivar

Daniel 1:3-6 (LBA) Entonces el rey mandó a Aspenaz, jefe de sus oficiales, que trajera de los hijos de Israel a algunos de la familia real y de los nobles, **4** jóvenes en quienes no hubiera defecto alguno, de buen parecer, inteligentes en toda rama del saber, dotados de entendimiento y habilidad para discernir y que tuvieran la capacidad para servir en el palacio del rey; y le mandó que les enseñara la escritura y la lengua de los caldeos. **5** El rey les asignó una ración diaria de los manjares del rey y del vino que él bebía, y mandó que los educaran por tres años, al cabo de los cuales entrarían al servicio del rey. **6** Entre éstos estaban Daniel, Ananías, Misael y Azarías, de los hijos de Judá.

La estrategia para cautivar a los jóvenes israelitas fue que comieran comida babilónica.

Daniel 1:11-16 (LBA) Pero Daniel dijo al mayordomo a quien el jefe de los oficiales había nombrado sobre Daniel, Ananías, Misael y Azarías: **12** Te ruego que pongas a prueba a tus siervos por diez días, y que nos den legumbres para comer y agua para beber. **13** Que se compare después nuestra apariencia en tu presencia con la apariencia de los jóvenes que comen los manjares del rey, y haz con tus siervos según lo que veas. **14** Los escuchó, pues, en esto y los puso a prueba por diez días. **15** Al cabo de los diez días su aspecto parecía mejor y estaban más rollizos que todos los jóvenes que habían estado comiendo los manjares del rey. **16** Así que el mayordomo siguió suprimiendo los manjares y el vino que debían beber, **y les daba legumbres**.

Debes notar que para esclavizar era un tipo de dieta diferente al que usaban para cautivar.

EL ALIMENTO DEL ESCLAVO

- Ser alimentados erróneamente alterara la bioquímica y el metabolismo de la persona.

- El metabolismo de un organismo determina las sustancias que encontrará nutritivas y las que encontrará tóxicas.

Es decir que el sistema del cuerpo humano, cuando está funcionando normalmente, tiene la facultar de tomar lo que es bueno para llevarlo por todo el cuerpo y lo que es dañino lo desecha. El problema es que cuando el sistema de cuerpo humano está alterado, toma todo lo malo y lo lleva por todo el cuerpo.

La Esclavitud Bioquímica Espiritual

Romanos 16:18 (LBA) Porque los tales **son esclavos**, no de Cristo nuestro Señor, **sino de sus propios apetitos**...

La palabra **apetitos** puede ser un sinónimo de deseo o placer.

¿CÓMO DE DEFINE LA BIOQUÍMICA DEL PLACER?

El placer se puede definir como un sentimiento positivo, agradable, que se manifiesta en un individuo consciente de manera natural cuando satisface plenamente alguna de sus necesidades, por ejemplo: beber cuando se tiene sed, comer cuando se está hambriento, dormir cuando se está cansado, diversión para el aburrimiento y conocimientos o cultura para la ignorancia, la curiosidad y la necesidad de desarrollar las capacidades.

Sin embargo los peligros en esto radican en el abuso reiterado de los placeres porque puede alienar, mecanizar la conciencia humana, causando diversos trastornos compulsivos de la conducta como pueden ser las adicciones, por ejemplo: la drogodependencia, el alcoholismo, el tabaquismo o la ingesta compulsiva de alimentos, esto viene a ser el lado oscuro del placer.

DEFINICIÓN DE LOS PLACERES

El significado del término **placer** se debe conocer desde su origen etimológico. En este sentido, podemos decir que se origina del latín **placere**, que puede traducirse como **gustar**.

Placer es un concepto que refiere al deleite o regocijo que se experimenta al hacer o lograr alguna cosa que provoca agrado.

¿POR QUÉ ES BIOQUÍMICA?

Las sustancias responsables del placer podrían ser la dopamina, endorfinas, oxitocina y serotonina, entre otras; es decir los químicos del cerebro. Llamados también químicos recompensadores del placer.

Cuando me refiero a la bioquímica del placer, puedo decir que de alguna forma alguien formó en ti ese placer, hubo un aprendizaje, tuviste la necesidad primitiva del placer, dicho de otra forma, alguien te tuvo que compartir de su gusto por algo y te traslado la idea que era agradable hasta que terminó gustándote, sea esto bueno o malo.

De aquí entonces que cuando alguien no es consciente de la bioquímica de su placer, es porque desconoce quién se la formó; desconoces el por qué te gusta tanto determinada comida o algo en general que puede llevarte a la esclavitud otra vez o que revela que aquella persona es esclava.

Debes saber entonces que la bioquímica del placer tiene un aprendizaje que con toda facilidad puede llevarte a la esclavitud, porque también tiene una necesidad primitiva.

EL APRENDIZAJE DEL PLACER SIGNIFICA:

1. ¿Quién te enseñó de ese placer?
2. ¿Quién lo activó?
3. ¿Quién lo descubrió?
4. ¿Quién lo estableció en tu vida?

El aprendizaje del placer también es conocido como **gustos entrenados**, esto es según la historia personal de cada uno:

1. Necesito comer, disfrutar aquello, etc.

2. Creo que es sabroso para probar, seguiré probándolo.

Génesis 3:11 Y le dijo Dios: ¿Quién te enseñó que estabas desnudo? ¿Has comido del árbol de que yo te mandé no comieses?

- Cada placer crea una memoria y al recordarlo produce regocijo, así es como el cuerpo experimenta esas emociones que, a largo plazo, **entrenan las preferencias** y gustos de cada persona.

- El aprendizaje del placer es igual a **aprender y retener lo aprendido**, lo cual está relacionado con el placer.

- Recuerdas un placer porque la **dopamina** activa al hipocampo para que lo archive y se convierte en otra parte llamada **necesidad primitiva del placer**.

- Eso significa que si una esclavitud no es cortada de raíz, en algún momento cuando entra en el cuerpo, vuelve a producir el mismo placer negativo que tuviste antes de llegar a Cristo.

LA NECESIDAD PRIMITIVA DEL PLACER

- Son los gustos que siempre buscarás, asociarás y de alguna manera darán como el **apetito** a ciertas cosas lo cual puede hacer que busques una compañía para sentirte con mayor fuerza de hacerlo.

- Cuando no se disciernen los **placeres**, estos pueden ser la causa de que alguien esté repitiendo un **placer ilegítimo** y viviendo en un **ciclo** de pecados.

EL ENGAÑO

Es que todo placer se mantiene solo por escasos minutos tras experimentar de una situación particular. Pero para llegar a este estado de exaltación, han sucedido diferentes procesos en el cerebro, conscientes o inconscientes.

LA DOPAMINA

Es el químico que invita a la repetición del placer.

PLACERES FORMADOS

- El hombre y la mujer al casarse y tener su primer encuentro íntimo, crea apetitos (**lo normal**).

- Una relación de intimidad antes del matrimonio crea apetitos, la mujer al hombre y el hombre a la mujer (**anormal**).

Las consecuencias: tendrá el deseo muy alto, porque tiene la lascivia, la concupiscencia, los placeres de otra persona que convenció primeramente al acto ilícito, quien te convenció, te creó los placeres.

Significa: que las personas que te formaron su **apetito,** tarde o temprano, si no cambias tu medida de **placer,** corres el peligro de desear un placer más **alto**, es decir, no te conformarás con tu relación sentimental actual, decidirás probar otra y otra y otra cayendo así en una iniquidad sexual.

Otros placeres: drogas, alcohol, comidas, hábitos, etc.

Los Nuevos Apetitos y La Restauración Bioquímica

EL AYUNO DEL ALMA PARA CAMBIAR APETITO

Isaías 58:6-8 ¿No es éste **el ayuno que yo escogí**: desatar las ligaduras de impiedad, soltar las coyundas del yugo, dejar ir libres a los oprimidos, y romper todo yugo? [7] ¿No es para que partas tu pan con el hambriento, y recibas en casa a los pobres sin hogar; para que cuando veas al desnudo lo cubras, y no te escondas de tu semejante? **8** Entonces tu luz despuntará como la aurora, y tu recuperación brotará con rapidez; delante de ti irá tu justicia; y la gloria del SEÑOR será tu retaguardia.

Isaías 58:11 Y el SEÑOR te guiará continuamente, **saciará tu deseo** en los lugares áridos y dará vigor a tus huesos; serás como huerto regado y como manantial cuyas aguas nunca faltan.

El Renuevo de La Mentalidad Para Cambiar Los Apetitos y La Bioquímica

CAMBIANDO LA MENTE CAMBIA EL PLACER

Romanos 12:2 Y no os adaptéis a este mundo, sino transformaos mediante la renovación de vuestra mente, para que verifiquéis cuál es la voluntad de Dios: lo que es bueno, aceptable y perfecto.

Recuerda que todos **los placeres** son producto **bioquímico** y del **aprendizaje,** por eso es necesario el cambio de mentalidad.

La insatisfacción: es el resultado de pensamientos, ideas que alguien tiene de otras cosas que producen mejor sensación. La insatisfacción lleva a buscar otros **placeres ilegítimos**.

Juan 10:10 El ladrón sólo viene para robar y matar y destruir; yo he venido para que tengan vida, y para que la tengan en **abundancia.**

- La vida abundante es que no deseas más allá de lo legítimo.

- Vida eterna es la promesa venidera al espíritu humano.

- Vida abundante es la promesa para hoy al alma y el cuerpo del cristiano que desea agradar el corazón de Dios.

¿Por qué no hay vida abundante?

- La gente quiere cambios en su vida pero sigue en los mismo pecados por placer.

- La gente quiere cambios en sus placeres pero sigue pensando en lo mismo.

- El 50% de los matrimonios están insatisfechos con el que tienen.

- Del 80% al 90% está insatisfecho con su trabajo.

- Otro % está insatisfecho con su iglesia.

Respuesta: alguien les creó la insatisfacción con otra idea de deleite, placer, gusto, etc.

La Santa Cena Para Cambiar Los Apetitos y La Bioquímica

Juan 6:54-56 El que come mi carne y bebe mi sangre, tiene vida eterna, y yo lo resucitaré en el día final. ⁵⁵ Porque mi carne es verdadera comida, y mi sangre es verdadera bebida. ⁵⁶ El que come mi carne y bebe mi sangre, **permanece en mí y yo en él**.

Ciertamente Satanás puede ser que tenga poder para mantener en la sombra de la esclavitud a una persona en base a engaños, pero no voy a magnificar en ningún momento su poder, porque la realidad y total verdad absoluta es que Jehová de los ejércitos es Todopoderoso y no hay quién pueda llevar el epíteto de rival de Dios porque simplemente nunca llegará a nivel de poder enfrentarlo; de tal manera que si crees que la sangre de Jesús derramada en la cruz del calvario puede romper cualquier esclavitud o cautividad en tu vida; así será y entonces conocerás la verdad y así serás verdaderamente libre.

La Generación De Adversidades Tempranas - 1

Capítulo 6

El tema que desarrollaré en este capítulo, es para poder identificar el tipo de generación que representas, esto con el propósito de hacer los cambios pertinentes y ser la mejor generación y no la peor; incluso se dice a manera de estudios, que para dirigirse exitosamente hacia el futuro de la sociedad en la que te desenvuelves, y poder visualizar los problemas para detenerlos antes de que empeoren; principalmente siendo hijos de Dios y caminando con el corazón y los ojos puestos en Dios; se debe tener la convicción que en medio de situaciones adversas, se puede lograr un cambio de lo negativo a lo positivo porque las promesas de parte de Dios siempre están vigentes.

La Generación de Adversidades Tempranas - 1

Realmente con lo que ya expuse en los capítulos anteriores, puedes ver que el adversario ha estado trabajando en pos de dañar tu vida integralmente o sea: espíritu, alma y cuerpo, siendo tu cuerpo el templo del Espíritu Santo, ha estado trabajando para dañarlo por todos los medios a su alcance y lo que es peor, un daño ancestral, que haya podido ser trasladado de generación en generación hasta llegar a las actuales.

Pero no solamente lo que el diablo hizo en 20 generaciones antes que la tuya y que sea un daño en particular el que se haya heredado; sino que, es un daño progresivo, una generación lo recibió y heredó a la siguiente, la cual lo recibe y le añade otro daño para trasladarlo a la siguiente y que se vaya potencializando más y más hasta llegar a este tiempo con una desprogramación diabólica que solamente Dios puede reprogramar para llevarla de regreso al nivel cuando salió de la mano de Dios.

Entonces para hoy día eres una generación con la oportunidad de ser guerrero de Dios para batallar en los ambientes espirituales y romper con todo aquello que ha pretendido destruirte y dañar tu descendencia.

Obviamente que con todo lo que hasta aquí has aprendido en este libro; puedes comprender que la batalla **no es solamente contra carne y sangre**, como dicen algunas versiones de la Biblia, esto considerando que la esclavitud y cautividad están influenciadas por una dieta natural que las tinieblas han programado con el propósito que aun en el cuerpo haya influencia de esclavo y que se busque y prefieran esos ambientes, convirtiendo así un panorama más fácil de estar siendo sojuzgado por Satanás y su séquito diabólico.

Lo interesante es que, si bien es cierto que Dios tiene promesas a tu vida, científicamente hablando, se dice que puedes tener un exitoso futuro, si logras corregir los problemas que has venido recibiendo por herencia ancestral y que te han marcado una forma de vida.

Aun en lo secular se dice que si una persona logra superar los problemas que tuvo, es porque pudo sobrepasar la limitante que lo sostenía en un nivel, de tal manera que vence su nivel de bloqueo y al estar en uno superior, puede vislumbrar de una mejor forma con lo que ha estado batallando y entonces ponerle fin a cualquier controversia de su vida y así seguirse desarrollando.

Entonces, si en lo secular por lógica aplicada, se tiene una salida a las situaciones adversas; cuánto más el cristiano porque Dios ha prometido muchas cosas a tu vida y de esa manera puedes vencer cualquier tipo de generación negativa que estés representando. Aunque ya lo he mencionado, considero necesario recordarte acerca del libro que Dios me permitió escribir y que titulé: **LOS ANCESTROS – LA GENÉTICA Y EPIGENÉTICA**, es el producto de investigar cuál es el trasfondo de muchas cosas que suceden con repercusiones inexplicables en lo natural.

Una de las cosas que ahí explico es que habías sido enseñado anteriormente, que cada quien era la sumatoria de 14 personas, lo cual es cierto, no estoy desmintiendo esa situación; principalmente porque cuando una persona quiere saber de dónde pueden venir sus conflictos, quizá con ver a sus papás es suficiente o solamente llegar un poco más allá, puede ver lo que sucedió con los abuelos o bisabuelos y entonces alcanzar la respuesta que se necesita.

Sin embargo, con la epigenética se ha llegado al conocimiento que cada uno es la sumatoria de 42 personas y cada una de ellas están conectadas con otras 42, de tal manera que en ti puede haber memoria genética de 1800 años, aunque eso no implica que sepas el nombre y número de documento personal de cada familiar que haya intervenido en tu memoria de todos esos años, pero no por eso dejará de ser una gran verdad lo que se ha descubierto en cuando a la epigenética; considerando con esto que según la etimología de la palabra **EPIGENÉTICA**, enseña su significado práctico el cual es llegar más allá de la genética.

Es muy interesante que dentro de los genes de cada persona, hay un gen que está apagado y que en cualquier momento podría encenderse y así entonces validar y activar toda esa memoria; es como un archivo físico con varias gavetas; quizá haya una que nunca se abrió y de pronto se abre para soporte de más información de los que están investigando y con eso logran documentar y afianzarse del conocimiento para saber qué y cómo hacer algo que se desconocía.

Lo mismo sucede con con la epigenética; a la persona que de pronto se le encienda el gen que tiene apagado, recibirá todo ese conocimiento que por generaciones se fue almacenando, al punto de pronto un día la persona empieza a manifestar ciertas características y tener memoria de experiencias vividas de sus ancestros, pero como si la persona que las heredó, las hubiera vivido.

Claro que con esto debo dejar en claro que las escuelas ortodoxas dicen que solamente se hereda información de características como podrían ser tallas en general, tono de voz, color de la piel, enfermedades, vicios, etc., no así experiencias ni vivencias personales.

Eso es lo que dice la genética pero la epigenética ha comprobado que se pueden heredar experiencias; de tal manera que un ancestro se pudo haber muerto llevándose a la tumba alguna experiencia de la cual creyó que nadie más lo supo ni lo sabría, con su muerte se moría aquella experiencia. Sin embargo, al haber tenido descendientes podría repetir aquella experiencia en el momento en que se le active el gen que está dormido; **eso es epigenética**.

Lo maravilloso de eso es que bíblicamente estaba escrito, ¿dónde?, desde el primer versículo del evangelio según San Mateo 1:1-17, específicamente en el versículo 17 lo dice más claramente:

Mateo 1:1 (LBA) Libro de la genealogía de Jesucristo, hijo de David, hijo de Abraham.

Mateo 1:17 (LBA) De manera que todas las generaciones desde Abraham hasta David son **catorce generaciones**; y desde David hasta la deportación a Babilonia, **catorce generaciones**; y desde la deportación a Babilonia hasta Cristo, **catorce generaciones**.

Si cada persona es la sumatoria de 42 personas, también cada una de esas 42 personas tiene un conexión de 42 personas ancestralmente hablando. Otro punto importante es que siendo cristiano, estás llamado a llegar a la estatura del varón perfecto o sea, el Señor Jesucristo, entonces existen cosas que se pueden perfeccionar, por ejemplo: el amor, la fe, la paz, la libertad, los dones, 14 cosas en total entre las cuales se debe perfeccionar la genética. Debes saber que el perfeccionamiento de la genética es una de cosas que necesitan ser perfeccionadas para participar del arrebatamiento porque ninguno que tenga genes que aun estén trastocados, podría ser la esposa del Señor Jesucristo.

Alguien podría cuestionar esta situación, sin embargo tengo versículo bíblico para demostrarlo:

Génesis 6:9 (R60) Éstas son las generaciones de Noé: Noé, varón justo, era **perfecto en sus generaciones**; con Dios caminó Noé.

La palabra **generaciones** es una derivación de la palabra **GEN** o **GENES**, de donde también se deriva la palabra **genética**; eso significa entonces que para ser librado de los juicios de la gran tribulación, es necesario que haya un perfeccionamiento en la genética; **¿cómo se puede perfeccionar la genética?**, en la participación de la mesa del Señor, de la Santa Cena para eliminar todo trastoque ancestral y restaurar la herencia divina.

Los Impactos de Las Adversidades Tempranas

Ahora bien, la razón por la cual estoy enseñando a este respecto, es porque las marcas de las tinieblas sobre la generación actual, están elevándose cada día más y con la sutileza que lo hacen, cobran cada día más víctimas, aunque para la sangre de Jesús derramada en la cruz del calvario, no hay marca de las tinieblas que se resista, es así como pueden ser eliminadas.

Parecería contradictorio lo que enseño porque según la teoría científica, el avance de la ciencia es notorio lo cual ha permitido que sea erradicado muchos de los males que han cobrado vidas a través de los tiempos; pero no todos los males han podido ser controlados o erradicados por completo. Adicionalmente se ha comprobado también que se están incrementando enfermedades como nunca antes; sin ir muy lejos, el muy conocido estrés ya es considerado como una enfermedad que, hasta no hace mucho, era algo que se podía controlar con un relajante, pero hoy eso y muchas otras enfermedades son una marca.

¿DÓNDE MARCA EL DIABLO?

Está comprobado médicamente hablando, que los estragos a temprana edad (toda la etapa de la niñez), afecta en diferentes formas la vida de las personas que los sufren, básicamente en 3 aspectos:

1. En lo mental

Implica batallas mentales y enfermedades mentales, son 2 cosas totalmente diferentes y cada una dejará una huella; pero por lo regular, puedo decir que batallas mentales es de lo más común que todos hayan padecido; la interrogante es: **¿cuántas tuviste?, ¿qué tan prolongadas fueron?, ¿qué clase de adversidades provocaron?, ¿qué provocó o que tipo de marca dejó en tu vida?** De ahí puedo decir que es de donde se originaron las enfermedades mentales.

Hay disparadores de los efectos biológicos, físicos y mentales; observa la siguiente lista de enfermedades medicamente reconocidas como tal, aunque son tratables:

Las Enfermedades de La Mente

a) **Estrés:** reacción física y mental a situaciones que generan cansancio, ansiedad o frustración. Actualmente es una enfermedad que afecta a muchas personas, sin importar su edad. Dolores de cabeza y musculares son los primeros síntomas, también puede estar irritable, tener dificultad para concentrarse e incluso para dormir.

b) **Esquizofrenia:** en general quienes padecen esta enfermedad tienen dificultad en diferenciar qué es real y qué no, sufren alucinaciones, piensan y hablan de forma incoherente. Les es difícil mantener las amistades y trabajar. Comienza a manifestarse normalmente en la adolescencia y hay varios tipos.

c) **Depresión:** totalmente relacionado con las emociones. Los pacientes depresivos sienten tristeza, vacío, soledad, desesperanzados. La ansiedad e irritabilidad son síntomas claros de este mal, además pierden interés en cosas que antes les gustaba. Muchas veces tienen pensamientos suicidas.

d) **Demencia:** es considerada un síndrome y no una enfermedad. La demencia afecta principalmente a las personas de avanzada edad, disminuyendo las facultades intelectuales de las personas. Pérdida de memoria, problemas de orientación, trastornos de pensamiento, cambios en el carácter, son los principales síntomas de este mal.

e) **Bipolaridad:** quienes padecen este mal tienen cambios drásticos en su estado de ánimo. Pueden pasar de un momento de extrema felicidad a uno de mucha tristeza. Este trastorno comienza a manifestarse, normalmente, al final de la adolescencia. Debe ser tratado con ayuda de un profesional, la terapia sumada a las medicina suelen dar mejores resultados.

f) **Paranoia:** quien sufre esta enfermedad tienen ideas delirantes, crean una nueva realidad en la que siente que lo persiguen o culpan de cosas que no ha hecho, que sus acciones son grabadas, además de desconfiar de todo.

g) **Fobia:** es el miedo irracional hacia algo que representa poco o ningún tipo de peligro real. Existen diferentes variantes de este trastorno, por ejemplo: pánico a las alturas, a diferentes tipos de animales, a lugares con mucha gente o cerrados, entre otros. Taquicardia, temblores, falta de aire, ganas de escapar, son algunas de las reacciones que padecen quienes sufren esta dolencia.

Es interesante que, debido a la proliferación de este tipo de enfermedades, se haya reconocido como ciencia a la psicología, aunque esto fue hace pocas décadas atrás, lo hicieron con el propósito de tratar con tanto problema que consideraban era propio de la psicología. Sin embargo, son situaciones que han sido reveladas por Dios a Sus siervos en relación a los problemas del alma, incluso de tipo ancestral, por lo que se hace necesario que sean confrontadas con el propósito que el pueblo de Dios logre recuperar su libertad en las batallas mentales y sanados en las enfermedades mentales.

Hoy es el tiempo en que la Iglesia de Cristo debe volverse a la fe en Dios como nunca antes se haya visto y creer en Su palabra 100%, que no haya espacio para la duda y saber que en las cosas que El manda a hacer, sencillamente hay total efectividad contra las tinieblas y recibir los beneficios que conlleva la ministración de los elementos de la Santa Cena como lo es el pan y el vino.

Las otras 2 marcas que deja el enemigo son las siguientes:

2. **En lo emocional** (implica sentimientos, emociones, alma fragmentada).

A este respecto debes saber que el alma es como un cristal que recibe un golpe, se fragmenta y difícilmente se podría reparar. Lo mismo sucede con el alma, es más; aunque ya lo mencioné, debo hacer memoria de ese mismo punto porque existen casos reportados que a consecuencia de una situación de ese tipo, hay personas que tiene varias personalidades, incluso Hollywood se encargó de cinematografiar un caso bajo esa óptica, al punto que la cinta fue titulada, Fragmentado, donde la persona sufrió en el alma mucho maltrato desde su niñez y cuando llegó a la edad adulta, se le manifestaron todos los traumas que padeció, al punto de hacerle daño a otras personas dependiendo del momento en que se le manifestaba determinado trauma.

3. **En lo físico** (salud física en altos riesgos de enfermedades).

Lo que hoy se necesita es saber qué fue lo que dio lugar al cambio de una condición de vida en las personas que representan una generación actual; **¿por qué a la generación actual, de manera** realista se le puede llamar la generación de adversidades tempranas?

BASE BIBLICA

Salmo 12:7 (RV1995) Tú, Jehová, los guardarás; de esta generación los preservarás para siempre.

Salmo 12:7 Tú mismo, oh Jehová, los guardarás; tú conservarás a cada uno desde esta generación hasta tiempo indefinido.

Este versículo es la esperanza de vida que Dios tiene a tu vida y que en ningún momento formarás parte de la estadística de gente que tiene impactos por adversidades tempranas, quizá los hayas tenido, pero poderoso es Dios para liberarte y que seas llamado **la generación que espera el retorno del Señor Jesucristo**.

Debes saber que Dios tiene tiempos definidos para tu vida, son patrones proféticos de cómo El actúa, por ejemplo: el pueblo de Israel se ha considerado como figura de la Iglesia de Cristo y que habiendo sido libertado Israel de Egipto, de igual forma lo será la Iglesia. En algunas versiones de la Biblia dice que el Faraón mandó a oprimir a Israel para que no se multiplicaran y así no subieran de la Tierra; lo cual coincide perfectamente con el arrebatamiento de la Iglesia porque es subir de la

Tierra a las nubes para el encuentro con el Señor Jesucristo.

Hoy lo que el Faraón espiritual está haciendo, entiéndase Satanás; es oprimiendo en el alma para causar amargura, fragmentarla y que tenga cualquier cantidad de problemas con el propósito de impedirle que participe del arrebatamiento.

Lo maravilloso de lo que Dios hace a favor tuyo es que, de igual forma como el pueblo de Israel, la noche en que iban a salir de Egipto comieron el cordero pascual y ninguno estaba enfermo; así la Iglesia de Cristo al participar del pan y del vino, el cuerpo y la sangre de Jesús el Cordero de Dios, será restaurada tu genética para ser totalmente libre de cualquier atadura y si hubiera alguna fisura en el alma por la cual te impidiera salir de la Tierra; sea totalmente restaurada, aun así esté completamente fragmentada el alma, poderoso es Dios para restaurar la vida de aquel que crea en el poder de la sangre de Jesús.

Durante mucho tiempo se ha hablado de ministros que convocan para campañas de sanidad; no estoy criticando, sin embargo llegó el tiempo en el que basta con reunirse en el nombre de Jesús y donde 2 o más estén reunidos en Su nombre, ahí se manifestará y si es para celebrar la cena del Señor, se manifestará el poder de Dios con milagros y sanidades.

La Perspectiva Divina De Las Generaciones

No cabe duda que Dios mira a los hombres y los tiempos desde la perspectiva generacional, es decir que no es sólo asunto de la antropología, sociología, psicología, etc., ver a las personas y clasificarlas con identidad de generación, sino que Dios también tiene un grupo al cual tu perteneces, es **el grupo de los escogidos, llamados y fieles**.

LA GENERACIÓN

El nombre que toma una generación denota muchas cosas, por ejemplo:

1. Tipos de personas.
2. Tiempo y edades.
3. Forma de pensamientos.
4. Capacidades y habilidades.
5. Progresos, etc.

Dios considera entonces las influencias de las generaciones y la manera en la que sus hijos enfrentan los retos, los impactos y aun los estragos de esas generaciones; Dios toma en cuenta la manera en cómo vives en la generación presente y es lo que marca la diferencia entre el que es salvo y el que no tiene rumbo en la vida.

Génesis 6:9 Estas son las generaciones de Noé: Noé, varón justo, **perfecto fue en sus generaciones**; con Dios caminó Noé.

Génesis 7:1 Entonces el SEÑOR dijo a Noé: Entra en el arca tú y todos los de tu casa; porque he visto que sólo tú eres **justo delante de mí en esta generación**.

Con estos versículos puedes notar claramente que si eres parte de la generación que agrada al Señor, ciertamente El así te verá y por ti será salva tu casa para no padecer los horrores de la gran tribulación.

Posiblemente seas descendiente de alguien con adversidades tempranas, sin embargo también ha visto cómo te has esforzado por salir de ese tipo de generación para buscar el nivel con el que Dios desea verte; dicho en otras palabras, tú harás lo posible por llegar a una total restauración y la parte que te sea imposible, la hará Dios; tú lo posible y El lo imposible para que formes parte de la generación de escogidos, llamados y fieles.

TIPOS DE GENERACIONES

A continuación puedes ver una imagen con las últimas 4 generaciones:

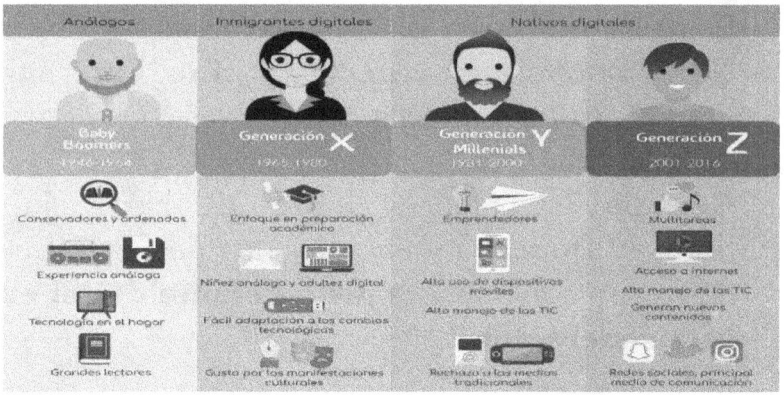

Debajo de cada generación están descritas las características que las identifica, pero como puedes notar, llega solamente al año 2016 con la Generación Z. En la actualidad ya le asignaron Generación Alpha al siguiente grupo el cual es netamente tecnológico.

Estoy exponiendo esto, porque la generación actual es como la sumatoria de todas las anteriores y en términos generales no les falta nada, tienen opción a tener muchas cosas que no tuvieron en su niñez los que pertenecen a la generación Baby Boomers.

LAS ÚLTIMAS GENERACIONES

Adicionalmente debes saber que cada una de las generaciones que describí y aun las que no están listadas, tienen influencias muy fuertes que, si bien es cierto la más moderna es la sumatoria de las anteriores y no debe hacerles falta nada, también es la generación con mayor influencia negativa porque al tener muchas opciones y poca conducción, su elección puede ser erronea:

1. **La generación Alpha.**

2. **La generación de los hipersensibles.**

3. **La generación la nada.**

4. **La generación adversidades tempranas.**

Las conclusiones que dan nombre a las generaciones están basadas al estudiar la conducta, las habilidades y capacidades, la sensibilidad y el tiempo de las personas que viven en esas épocas.

LA GENERACIÓN DE LOS HIPERSENSIBLES

Observa la característica que envuelve a este tipo de personas:

1. Los jóvenes de hoy se ahogan en un vaso de agua.

2. Pese a que son mucho más preparados académicamente hablando, se derrumban fácilmente y no toleran críticas.

3. Son más preparados, tienen más títulos y parecen muy dispuestos a luchar por sus ideales en un mundo lleno de retos.

4. Pero suele haber individuos vulnerables tras esa coraza, que se derrumban ante cualquier problema.

5. En el mundo anglosajón los llaman la generación snowflake, porque son tan frágiles como un copo de nieve.

6. Son muy vulnerables a frustrarse por cualquier revés del destino y todo les duele el doble.

Los expertos creen que los grandes culpables son los padres, pues educaron a sus hijos en medio de una burbuja en la que nada les falta y en donde no tienen que esforzarse demasiado.

LA GENERACIÓN LA NADA

Su característica:

Los jóvenes que no se identifican con una fe o grupo religioso específico.

LA GENERACIÓN LA NADA: PEW RESEARCH CENTER

- Se encuestó a un grupo en crecimiento en Estados Unidos de América: **non religion**.

- La mayoría son menores de 35 años, son personas que fueron cristianos.

- PEW preguntó a estos **no religiosos** por qué ahora rechazan cualquier afiliación religiosa y les dieron a los encuestados seis posibles respuestas.

1. El 51% abandonaron la iglesia porque **cuestionan muchas enseñanzas cristianas.**

2. El 46% porque **no les gusta que las iglesias no** tomen posiciones sobre cuestiones sociales / políticas.

3. El 34% abandonaron la iglesia porque **no les gusta las organizaciones religiosas**.

4. El 31% abandonaron la iglesia porque **no les gusta los líderes.**

5. El 26% dicen **la religión es irrelevante para mí.**

Sus explicaciones específicas incluyeron las siguientes afirmaciones:

- **Aprendiendo sobre la evolución cuando me fui a la universidad.**

- **La religión es el opio del pueblo.**

- **El pensamiento racional hace que la religión se salga por la ventana.**

- **Falta de cualquier clase de evidencia científica o específica de un creador.**

- **Me acabo de dar cuenta que realmente no lo creía.**

- **Estoy haciendo mucho más aprendiendo, estudiando y tomando decisiones por mí mismo en lugar de escuchar a alguien más.**

Este es el grupo que dicen ser una generación que no creen en nada de lo que se les dice.

Los Poderes De Los Últimos Días

¿Por qué piensan así? La respuesta es que no fueron preparados para que aprendieran a defender su fe y se le dio lugar a lo siguiente:

1. **El poder de la incredulidad: ateísmo, humanismo, etc.**

2. **El poder de la rebelión: el cambio de carácter.**

3. **El poder de los placeres: los deseo por el alcohol, la marihuana, los cigarrillos, etc.**

De manera que al enfrentarse al pensamiento moderno no tienen el conocimiento para combatir contra todo eso.

Estadísticas dicen que muchos de los hijos nacidos o criados en hogares cristianos, después de finalizar la High School o en su primer año de colegio, el 96% abandona la Iglesia y solo el 4% vuelve.

EL PODER DE LA DEFENSA DE LA FE

Teológicamente se llama: Apologética, es la ciencia (conocimiento) de dar una defensa de la fe cristiana.

1 Pedro 3:15 …sino santificad a Cristo como Señor en vuestros corazones, estando siempre **preparados para presentar defensa** ante todo el que os demande razón de la esperanza que hay en vosotros, pero hacedlo con mansedumbre y reverencia…

En términos bíblicos, son fundamentos del justo:

Salmos 11:3 (LBLA) Si los fundamentos son destruidos; ¿qué puede hacer el justo?

Las Generaciones según La Biblia

Cuando Jesús estuvo en la Tierra, vio todas las generaciones que se movían en su tiempo y las llamó de la siguiente manera:

1. La generación incrédula.
2. La generación perversa.
3. La generación de víboras.
4. La generación adultera.
5. La generación que pide señales.
6. La generación pecadora.

7. La generación última
   - **Acharon o Eskhatos** -

La última generación es a la que Dios desea que pertenezcas, te extraerá de cualquier otra generación en la que hoy puedas estar siendo influenciado para que formes parte de la generación **ESKHATOS**, esta es la generación del remanente la cual tiene la particularidad de estar escuchando Su voz con cosas extraordinarias, aquello que fue un misterio incomprensible, este es el tiempo que Dios derramará entendimiento, discernimiento, sabiduría para deleitarte en lo que pueda significar todo eso que nunca antes fue descubierto o revelado.

La Generación De Adversidades Tempranas - 2

Capítulo 7

Una de las cosas que obedece a la razón de este libro, es lo escrito en la Biblia cuando dice que Dios cambiará tu lamento en danza y te dará óleo de alegría, razón por la cual es el único digno de gloria, honra y honor, es el único especialista en imposibles en tu vida, es quien se ha comprometido a terminar la obra que inició un día en tu vida, por lo tanto debes estar confiado en que cualquier adversidad, por escondida que pretenda tenerla el diablo; el Señor Jesucristo derramó Su sangre para que seas restaurado y totalmente libre.

De tal manera que si fuera el caso en que seas parte de una generación que ha venido trascendentalmente por herencias generacionales perteneciendo así a una misma familia, habitaste en una misma región y eso te hizo tener cierta influencia, para ti es entonces lo escrito en la Biblia, debes saber que no existe agüero contra Israel, entiéndase la Iglesia de Cristo, el Israel espiritual y aunque hayas estado padeciendo año tras año, llegó el tiempo de tu redención, como lo señalé en el capítulo anterior, estás siendo llamado para formar parte de **la generación ESKHATOS.**

Jesús estando en la Tierra cuando vino como el Cordero de Dios, llamó a 6 generaciones de diferente manera por lo que ellos manifestaban ser, aun estando en la misma región, pero tú eres parte de la última generación, la que está siendo formada de acuerdo al corazón de Dios porque El ha permitido que haya fe en ti respecto a lo que Su palabra dice que llegarás a ser.

Salmo 12:7 (RV1995) Tú, Jehová, los guardarás; **de esta generación los preservarás** para siempre.

Tienes promesa de Dios para que a pesar de la inconformidad con la que el mundo se esté manifestando, el Señor te preservará y te guardará para Él, obviamente que guardará en la base de aquello a lo que le brindas importancia. Dios no cuidará algo que no se haya valorado a sí mismo; entonces lo primero es que puedas valorar lo que el Señor ya hizo en tu vida para que a partir de esa base haya un desarrollo, primeramente por ti; es como decir que tienes algo tan grande que no has tenido la capacidad de cuidar, entonces Dios considera tu necesidad y te preserva para siempre.

Por eso dice la Biblia que el que persevere hasta el fin, ese será salvo, como dando a entender que, ciertamente poderoso es Dios para guardar tu vida, pero debes manifestar el deseo que llevas dentro perseverando en todo momento.

La interrogante en esto puede ser la siguiente: **¿por qué preserva Dios de esta generación?**, considero que la respuesta puede ser muy sencilla; tus genes no son como los de todo el mundo, llevas algo especial en tu **ADN** razón por la cual puedes ser considerado como lo fue Noé:

Génesis 6:9 Estas son las generaciones de Noé: Noé, varón justo, **perfecto fue en sus generaciones**; con Dios caminó Noé.

Génesis 7:1 Entonces el SEÑOR dijo a Noé: Entra en el arca tú y todos los de tu casa; porque he visto que sólo tú eres justo delante de mí **en esta generación**.

Eso significa que la perfección de tu genética te ayudará a salir de la Tierra para no participar de la gran tribulación, esa es la última generación, la que el Señor Jesucristo dijo que era Skhatos.

La Última Generación

En relación a la **ÚLTIMA GENERACIÓN**, existen 2 palabras, 1 en hebreo y 1 en griego:

Acharon o Akjaron H309 de origen hebreo y su significado es el siguiente:

1. Generalmente último.
2. Fin, final.
3. Postrer, postrero.
4. Venidero, venir.

Skhatos o ésjatos G2192 de origen griego y su significado es el siguiente:

1. Final de lugar o tiempo.
2. Postrer, postrero, último.
3. **Postrer como estado final**.

¿A qué se refiere cuando dice: postrer estado final?

1 Tesalonicenses 5:23-24 (LBA) Y que el mismo Dios de paz os santifique por completo; y que todo vuestro ser, espíritu, alma y cuerpo, sea preservado irreprensible para la venida de nuestro Señor Jesucristo. **24** Fiel es el que os llama, el cual también *lo* hará.

Las escrituras usan la palabra **generación** en 3 diferentes formas:

1. Puede ser un grupo familiar de una misma edad.
2. Un período de tiempo o un grupo de personas.
3. **Grupo de personas conectadas por un lugar y tiempo (miran y palpan lo mismo).**

Este último significa, que una generación es un grupo de personas que están conectadas en un lugar, en el tiempo con un común límite y común carácter y con una **PROMESA** que ha salido del corazón de Dios hacia tu vida y la de tu familia.

LA ÚLTIMA GENERACIÓN NACIDA EN LA MATRIZ DE DIOS

La generación a la que se refiere el título, es un grupo de gente que están naciendo y otros que ya nacieron, con el propósito que sean identificados de forma diferente.

Salmo 110:3 (BPD) "**Tú eres príncipe desde tu nacimiento**, con esplendor de santidad; **yo mismo te engendré** como rocío, desde el seno de la aurora".

Salmo 110:3 (BSF) En ti está la nobleza desde tu nacimiento, en esplendor sagrado desde el seno, desde la aurora de tu infancia.

Salmo 110:3 (NBE) "**Tu familia es de nobles**; el día de tu nacimiento", en el atrio sagrado, te di a luz, como a rocío del seno de la aurora".

Una pregunta a tu corazón: **¿has tenido fuertes ataques por parte de las tinieblas?**, si la respuesta es positiva, lo cual creo que así es, **¿por qué será?**

Tengo otra interrogante, **¿por qué le lanza piedras a un árbol con frutos?**, obviamente porque se quieren comer sus frutos en el mejor de los casos pero para ese efecto, lo primero que se debe ver es que quieren quitarle los frutos al árbol, sea para comerlos o para lo que puedan servir, pero en primera instancia lo que sucede es que le quitan los frutos al árbol.

¿Qué insecto vuela rondando por una lámpara apagada?, ninguno, pero cuando una lámpara está encendida le vuelan muchos insectos.

Lo que deseo trasladarte con esto es que veas cómo el diablo ha pretendido detenerte a costa de lo que sea porque sabe que estás predestinado para llegar a ser parte de una generación que en el final de los tiempos, serás testigo de la gloriosa manifestación del retorno del Señor Jesucristo y de todo lo que Su venida involucra antes y en el momento del encuentro con Él.

Por eso debes saber que así como en aquel entonces, ahora también habrá milagros, maravillas, prodigios, liberaciones, restauraciones. Recuerda que cuando el Señor vino a la Tierra, es cuando más endemoniados se manifestaron y que alcanzaron liberación, tal fue el caso de lo que se menciona en **Marcos 5:1-15**, solamente por mencionar un caso, en una sola persona había una Legión de demonios, o sea 6,826 demonios dentro de una sola persona.

Todo eso y aun cosas mayores son las que se verán en este tiempo, Dios liberando a través de tu persona porque los vasos que usará son la generación que han nacido en Su vientre dentro de los cuales estás tú; pero entonces si las batallas de pronto se han intensificado, no debería ser algo extraño para ti porque el enemigo está buscando la forma de bloquear todo tu potencial participativo en la obra de Dios.

El mismo versículo de Salmos 110:3 en otras versiones de la Biblia dice de la siguiente manera:

Salmos 110:3 (NTV) Cuando vayas a la guerra, tu pueblo te servirá por voluntad propia. **Estás envuelto en vestiduras santas**, y tu fuerza se renovará cada día como el rocío de la mañana.

Salmos 110:3 (NVI) Tus tropas estarán dispuestas el día de la batalla, ordenadas en santa majestad. **De las entrañas de la aurora recibirás el rocío de tu juventud.**

Salmos 110:3 (PDT) "Tu pueblo se ofrecerá para ir a luchar con tu ejército. Se pondrán su uniforme, se reunirán temprano en la mañana; **te rodearán y no se apartarán de ti.**"

Salmos 110:3 (Oro) Contigo está el principado el día de tu poderío, en medio de los resplandores de la santidad; **de mis entrañas te engendré, antes de existir el lucero de la mañana.**

Con lo que dice la Biblia versión Oro, parecería que se desbarata la doctrina de los ciclos creativos de Dios porque lo que aquí dice es que **tú ya existías antes de las creaciones que fueron consideradas como primarias**, para Dios eres más importante que las creaciones que están a nivel de donde estuvo Luzbel.

Salmos 110:3 (BLIT) Un ejército de santos nacerá en la matriz de Dios.

Con todas las versiones que pudiste leer, lo que he podido comprender es que Dios te dará a luz nuevamente con el propósito que todo aquello que hayas recibido por herencia ancestral, sea anulado, desarraigado totalmente porque eres parte del pueblo que se ofrecerá voluntariamente para funcionar dentro del destino y desempeño correcto de la vida, ¿por qué?, porque en la matriz de Dios es Su misericordia y ahí se dan los reinicios para ser mejores luchadores, conquistadores, más que vencedores, etc.

Ahora lo que corresponde es averiguar qué cosas son las que Dios desea anular de tu vida y que entonces seas un hijo que pueda decir que nació de la matriz de Dios y digas que eres de la generación **ESKHATOS**, la última generación.

La Generación de Adversidades Tempranas

Para esto debo establecer como parámetro, que es necesario saber qué fue lo que le sucedió a una persona dentro de sus primeros 5 años de vida y que le marcaron su alma porque es a esa edad cuando se ha adquirido el 70% de la información con la que vivirá en resto de su vida. A los 14 años de edad tuvo el 90% de la información, pero lo básico o esencial es a los 5 años de edad. Un ejemplo bíblico es lo descrito en este versículo:

2 Samuel 4:4 Y Jonatán, hijo de Saúl, tenía un hijo lisiado de los pies. Este tenía cinco años cuando de Jezreel llegaron las noticias de la muerte de Saúl y Jonatán, y su nodriza lo tomó y huyó, pero sucedió que en su prisa por huir, él se cayó y quedó cojo. Su nombre era Mefiboset.

Después de muchas otras cosas, llegó el momento en que David siendo rey tuvo el sentir en su corazón de hacerle misericordia a la casa de Saúl por ser papá de Jonathan, su gran amigo.

Un incidente le cambió el destino a Mefiboset, porque si venía del linaje de un rey, en algún momento hubiera llegado a ser rey, pero fue incapacitado desde su niñez. Esto es un claro ejemplo de cómo las adversidades tempranas afectan tanto a una persona, al punto que atentan contra su destino y que su final sea entonces solamente la consecuencia de un impacto o adversidad temprana en su vida.

Por supuesto que difícilmente podría mencionar a una sola persona que no haya padecido de una adversidad temprana; el problema es cuando esa situación se convierte en algo cíclico y el tiempo que haya permanecido y de quién llegó; eso es lo que marca la diferencia, aunque sin importar nada, poderoso es Dios para levantarte de cualquier lugar.

Lamentablemente a veces se encuentra a personas en las congregaciones que de pronto pueden tener una apariencia victoriosa porque tienen un cargo muy elevado, y nadie sabe lo que ha padecido, con lo que está batallando constantemente hasta que llega el momento en que colapsa de cualquier forma y es el momento en que tiene la oportunidad para buscar la ayuda necesaria y ser libertado y fortalecido para continuar adelante.

Significado de Mefiboset

Significado principal: **exterminador de ídolos.**

Como nombre compuesto:
MIFI = piezas **BOSET** = vergüenza.

Por composición: **El que se levanta de la vergüenza o del oprobio.**

Si puedo hacer la aplicación de lo que estoy enseñando en este capítulo, puedo decir que es entonces **EL QUE SE LEVANTA DE LAS ADVERSIDADES TEMPRANAS.**

2 Samuel 9:3-8 Y dijo el rey: ¿No queda aún alguien de la casa de Saúl a quien yo pueda mostrar la bondad de Dios? Y Siba respondió al rey: Aún queda un hijo de Jonatán lisiado de ambos pies. [4] El rey le dijo: ¿Dónde está? Y Siba respondió al rey: He aquí, está en casa de Maquir, hijo de Amiel, en Lodebar. [5] Entonces el rey David mandó traerlo de la casa de Maquir, hijo de Amiel, de Lodebar. [6] Y Mefiboset, hijo de Jonatán, hijo de Saúl, vino a David, y cayendo sobre su rostro, se postró. Y David dijo: Mefiboset. Y éste respondió: He aquí tu siervo. [7] David le dijo: No temas, porque ciertamente te mostraré bondad por amor a tu padre Jonatán, y te devolveré toda la tierra de tu abuelo Saúl; y tú comerás siempre a mi mesa. [8] Se postró él de nuevo, y dijo: ¿Quién es tu siervo, para que tomes en cuenta a un perro muerto como yo?

Significado De Lodebar

Significado principal: **La tierra sin pasto.**

Nombre compuesto: **LO** = sin, **DEBAR** = palabra.

Definición: **La tierra sin explicación, sin palabras, sin revelación.**

Nadie le podía explicar a Mefiboset porque le sucedió el accidente, nadie le daba una razón que lo hiciera comprender.

Cuando alguien está constantemente en batallas y no encuentra una explicación, tiene lugar la esquizofrenia, lo cual significa **MENTE PARTIDA**. Es una situación muy adversa; por un lado está tratando de averiguar por qué le suceden las cosas que padece y por otro lado está buscando la forma de cómo vencerlas, eso puede provocar personalidades duales, es la persona bipolar, de doble ánimo.

Ahora bien, lo que es necesario saber es que en las congregaciones hay muchas personas con ese tipo de problemas que están en constante batalla en silencio, pero de ahí es de donde Dios desea levantar a quien tenga en alta estima el favor de Dios con la oportunidad de vida que hoy tiene, haciendo lo posible por recuperarse y cuando el Señor ve esa situación, obra haciendo lo imposible para restaurar totalmente, aunque tengas pensamientos negativos, si confías en que Dios puede cambiarte, El lo hará, te revelará por qué llevas tanta batalla y te dará la estrategia para salir victorioso.

Esta comprobado médicamente hablando, que los estragos a temprana edad afecta en diferentes formas la vida de las personas que los sufren en las 3 diferentes formas:

1. En lo mental (implica batallas mentales y enfermedades mentales).
2. En lo emocional (implica sentimientos negativos, emociones afectadas, alma fragmentada).
3. En lo físico (salud física en altos riesgos).

Con esto entonces puedes ver que existen disparadores de los efectos biológicos, físicos y mentales. Recuerda que si el enemigo es un imitador, buscará la forma de atacar tu vida bajo cierta estrategia a la manera como Dios opera en tu vida; si El empieza Su obra en ti de adentro para afuera, lo mismo buscará el enemigo, destruirte de adentro para afuera.

Las Experiencias Tempranas influyen En El Cerebro En Desarrollo

Los niños a los que poco después de nacer se deja en orfanatos con condiciones de negligencia severa, muestran una actividad cerebral dramáticamente disminuida, comparados con los niños que nunca estuvieron en entornos institucionales.

1. La actividad cerebral puede medirse en impulsos eléctricos.

2. Aquí, los colores cálidos como el rojo o el naranja, indican una actividad mayor y cada columna muestra un diferente tipo de actividad cerebral.

3. Los niños pequeños institucionalizados en condiciones precarias, presentan una actividad mucho menor que la esperada.

NEGLIGENCIA TEMPRANAS DISMINUYE LA FUERZA DEL CEREBRO

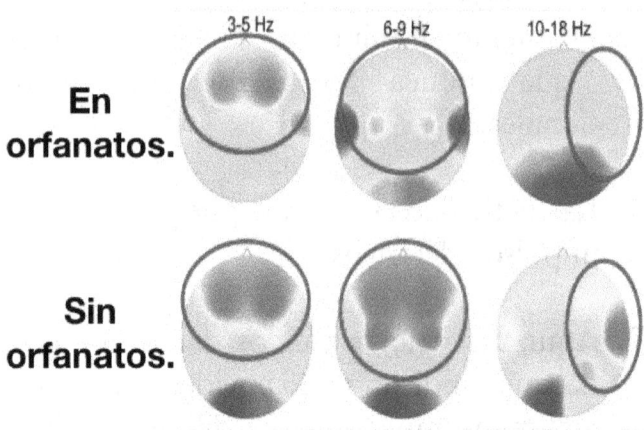

𝒟isparadores 𝒟e 𝓛as 𝒜dversidades 𝒯empranas

Los efectos de las adversidades tempranas se descubrieron después de hacer una entrevista de la historia a 17,500 personas; fueron descubiertas 10 categorías de activadores y sus efectos a largo plazo; con efecto en el cambio de la estructura cerebral, debilita el sistema inmunológico y permite que el ADN se pueda volver a escribir, dando con esto paso a que el cuerpo de la persona cambie:

1. Abusos físicos.
2. Abusos emocionales.
3. Abuso sexual.

4. Negligencia física.
5. Negligencia emocional.
6. Crecer en hogar con parientes dependientes de sustancias (alcohol, drogas, etc.)
7. Problemas mentales (vivir con alguien que sufre depresión o enfermedades mentales).
8. Padres separados o divorciados.
9. Violencia doméstica (madre tratada violentamente).
10. Encarcelamiento de uno de los padres.

El estudio descubrió que las adversidades tempranas son muy comunes.

DATOS RELEVANTES

- De los 2/3 de los adultos estadounidenses, por lo menos 1 sufre de la lista de las adversidades tempranas.

- El 12.6% es decir 1 de cada 8 personas tuvieron por los menos 4 o más adversidades tempranas de la lista, igualmente datos en estadounidenses.

- Es decir de 12% al 14 % de la populación de Estados Unidos de América tuvo de 4 a más adversidades tempranas.

Los Riesgos De

Las Adversidades Tempranas

De las personas que tuvieron de 4 a más adversidades tempranas, están en riesgo de lo siguiente:

1. El doble de riesgo de enfermedades del corazón.
2. El doble de riesgo de cáncer.
3. 2.5 de riesgo de derrame cerebral.
4. 4 veces el riesgo crónico de enfermedades pulmonares.
5. 11 veces el riesgo de la enfermedad de Alzheimer.
6. 1.5 de riesgo de diabetes.
7. 30 veces el riesgo de suicidio.

Las 7 condiciones enlistadas de males, están en las 10 primeras causas de muerte en Estados Unidos de América.

En 1 de 8 estadounidenses tienen los riesgos de enfermarse y morir porque tuvieron 4 o más adversidades tempranas, ¿por qué?, por lo que llamo **LA MÉTRICA DEL ESPÍRITU DE VÍCTIMA**.

La métrica es la forma en la que se mide el nivel de cada cosa y permite el lugar a la siguiente fase, de manera que se establece un ciclo de situaciones negativas, todo comienza con una realidad que le permite el paso a la siguiente:

Primero la persona es una víctima real de algo o de alguien.

Segundo la nutrición de la imaginación y la mentalidad de víctima.

Tercero un espíritu de víctima es adherido a la persona.

Cuarto un receptor de víctima es colocado en la persona en el alma y/o en el cuerpo.

Quinto un emisor de victimización, de victimario y más víctima atraerá a la persona a que tenga cada vez más problemas lo cual lleva a niveles de estrés inimaginables porque el propósito del enemigo no es debilitarte solamente, sino, destruirte por completo.

Las Respuestas ante El Estrés

Cuando te sientes amenazado, tu cuerpo activa una variedad de respuestas fisiológicas, incluyendo incrementos en el ritmo cardíaco, la presión arterial y las hormonas del estrés tales como el cortisol.

La respuesta positiva al estrés: es una parte normal y esencial del desarrollo saludable, caracterizada por breves aumentos en la frecuencia cardíaca y elevaciones leves en los niveles hormonales.

- Algunas situaciones que pueden desencadenar una respuesta positiva al estrés, son el primer día en una nueva escuela o trabajo o al recibir una vacuna.

- Cuando un niño pequeño está protegido por relaciones de apoyo con los adultos, aprende a enfrentar los desafíos diarios y su sistema de respuesta al estrés regresa diariamente a su punto de partida.

La respuesta al estrés tolerable: activa los sistemas de alerta del cuerpo en mayor medida como resultado de dificultades más severas y duraderas como la pérdida de un ser querido, un desastre natural o una lesión aterradora.

- Si la activación es limitada en el tiempo y está amortiguada por las relaciones con adultos que ayudan al niño a adaptarse; el cerebro y otros órganos se recuperan, de otro modo podrían ser efectos perjudiciales.

- Se produce cuando se presentan dificultades más serias, como la pérdida de un ser querido, un desastre natural o una lesión traumática, y éstas son amortiguadas por adultos afectuosos que ayudan a los niños a adaptarse, lo que mitiga los efectos potencialmente perjudiciales de los niveles anormales de hormonas del estrés.

La respuesta al estrés tóxico: puede ocurrir cuando un niño experimenta adversidades fuertes, frecuentes y/o prolongadas.

- Cuando eso sucede se experimenta una respuesta al estrés tóxico.

- Como abuso físico o emocional, negligencia, abuso de sustancias por parte de alguno de los padres o enfermedad mental, exposición a la violencia y/o las cargas acumuladas de las dificultades económicas extremas familiares. El estrés se vuelve tóxico porque el exceso de cortisol perturba los circuitos del cerebro en desarrollo.

- En los primeros 5 años de vida de una persona, lo que le sucede, puede afectar a lo largo de la vida.

- Las investigaciones sobre la biología del estrés durante la infancia temprana, muestran cómo adversidades mayores, como la pobreza extrema, el abuso o la negligencia pueden debilitar la arquitectura del cerebro en desarrollo y poner el sistema de respuesta al estrés en permanente alerta.

Los Activadores De La Última Generación

Este ADN llamado basura, codifica lo que está relacionado a la nueva criatura que eres en Cristo y el poder y resistencia de los más que vencedores.

EN CRISTO SE ACTIVA EL ADN LATENTE

Como lo he dicho en repetidas oportunidades, el Señor Jesucristo es el especialista en imposibles, de tal manera que solamente en El se va dando la recreación de la nueva criatura que eres una vez que has llegado a Jesús.

INTERRUPTORES

Los científicos también identificaron cuatro millones de genes interruptores.

- Estos son unidades de ADN que controlan cuando los genes se activan o desactivan en las células.

- Esto abrió a los investigadores un nuevo mundo para explorar esperando que conduzca a nuevos tratamientos bajo la óptica de la ciencia.

- Del equipo de Encode, el Doctor Ian Dunham, dijo que los datos, en última instancia, podrían ser de ayuda para todas las áreas de investigación de enfermedades.

LOS ACTIVADORES DEL ADN LATENTE

1. **La santa cena:** Gen de resistencia **(5HT2)**.

2. **El bautismo en agua:** Gen de novedad de vida **(Romanos 6:3-4)**.

3. **El ayuno:** Gen de vida piadosa **(Isaías 58:6 y 8)**.

4. **La oración:** Gen de comunión con Dios **(Mateo 6)**.

5. **La adoración:** Gen de reverencia y presencia **(Juan 4:23)**.

6. **La ministración al alma:** Gen de esperanza. **(Ezequiel 16: 4-6)**.

7. **La liberación del alma:** Gen de la libertad **(2 Corintios 3:17)**.

8. **La unidad:** Gen gloria **(Juan 17:21-22)**.

EL ADN DE LA ÚLTIMA GENERACIÓN

Estos son ADN basura con funciones espirituales:

- **Codifica dones espirituales.**
- **Codifica capacidades espirituales de acuerdo a tu llamamiento.**
- **Codifica poder de vencedor.**
- **Codifica resistencia.**

Este ADN llamado basura, codifica lo que está relacionado a la nueva criatura que eres en Cristo y el poder y resistencia de los más que vencedores.

Romanos 6:3-4 ¿O no sabéis que todos los que hemos sido bautizados en Cristo Jesús, hemos sido bautizados en su muerte? **4** Por tanto, hemos sido sepultados con El por medio del bautismo para muerte, a fin de que como Cristo resucitó de entre los muertos por la gloria del Padre, así también nosotros andemos en novedad de vida.

Juan 17:21-22 …para que todos sean uno. Como tú, oh Padre, estás en mí y yo en ti, que también ellos estén en nosotros, para que el mundo crea que tú me enviaste. ²² La gloria que me diste les he dado, para que sean uno, así como nosotros somos uno:

LOS NOMBRES DE LA JERARQUÍA ANCESTRAL

1. **Padre.**

2. **Abuelo.**

3. **Bisabuelo (Segundo abuelo).**

4. **Tatarabuelo**
   (Tercer abuelo,
   Trasbisabuelo,
   Transbisabuelo,
   Rebisabuelo,
   Trasabuelo o Tresabuelo).

5. **Trastatarabuelo**
   (Cuadriabuelo,
   Cuatriabuelo o Chozno).

6. Pentabuelo.

7. Hexabuelo.

8. Heptabuelo.

9. Octabuelo.

10. Eneabuelo o Nonabuelo.

11. Decabuelo.

12. Endecabuelos.

13. Docecabuelos.

Gráficamente es de la siguiente forma como apareces, de acuerdo a la jerarquía ancestral y por los que llevas información de generación en generación:

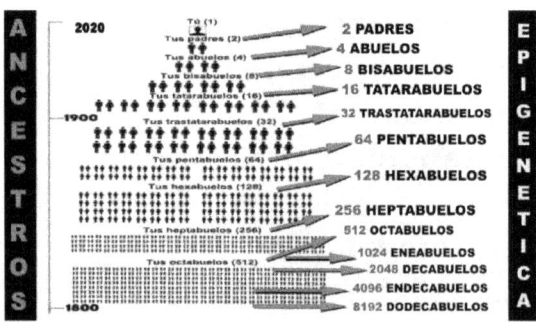

La Santa Cena Activa un Adn Latente de más que Vencedor

- Como nueva creación has heredado el **ADN** de la sangre de Cristo.

- En tu crisis se activa un **GEN** que está **LATENTE**, es el de ser **más que vencedor**.

Romanos 8:37 Pero en todas estas cosas somos **más que vencedores** por medio de aquel que nos amó.

DIAGRAMA DE REPARACIÓN DEL ADN

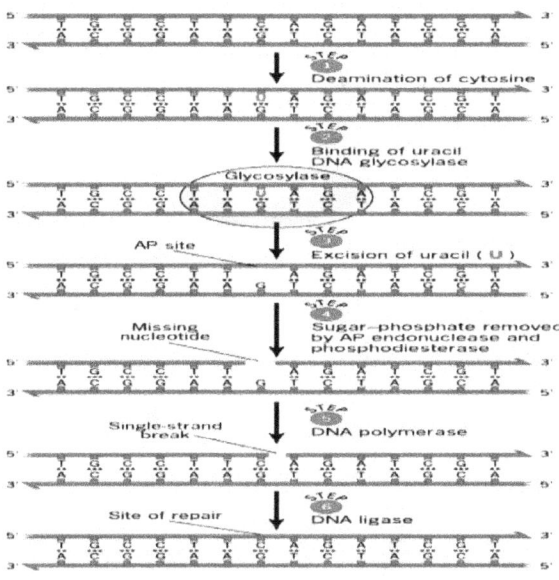

- En este diagrama veras cómo la **SANTA CENA** opera en la reparación de tu **ADN**.

- Esto se llama reparación por eccisión (del inglés excisión repair).

- Hay varios mecanismos de reparación de **ADN** y este es uno de ellos.

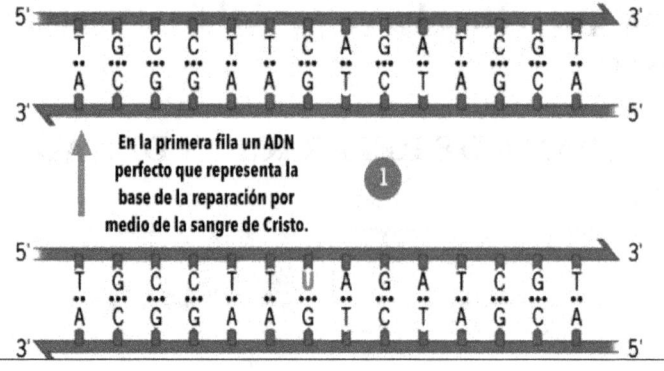

- En el diagrama se puede observar en la primera fila un **ADN** normal, una doble hélice: dos hileras unidas como si fuera una escalera, todo salió de la mano de Dios perfectamente, no venías programado para sufrir, pero una adversidad temprana te puede cambiar la información original y te hace sensible a padecer de una enfermedad por el impacto de aquello que empezaste a padecer tempranamente, siendo la única forma de hacer una reparación, por medio de la **Santa Cena**.

- Las hileras están unidas por el emparejamiento de las bases nitrogenadas que componen el **ADN**.

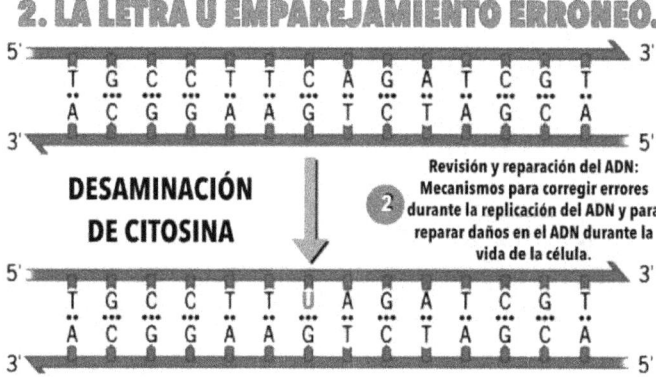

Si hay un emparejamiento erróneo, el **ADN** es dañado o se convierte en un **ADN** diferente con funciones diferentes, es lo que cambia aquello que estuvo perfecto.

DESAMINACIÓN DE CITOSINA
SIGNIFICA: Revisión y reparación del ADN

El proceso de la reparación:

- Las células tienen varios mecanismos para prevenir mutaciones o cambios permanentes en la secuencia del **ADN**.

La Generación de Adversidades Tempranas - 2

- Durante la síntesis de **ADN**, la mayoría de las **ADN** polimerasas **comprueban su trabajo** y arreglan la mayoría de las bases mal emparejadas en un proceso llamado corrección.

- Inmediatamente después de la síntesis de **ADN**, es posible detectar y reemplazar cualquier base mal emparejada restante en un proceso llamado reparación de mal apareamiento.

- Si el **ADN** se daña, se puede reparar por varios mecanismos, que incluyen reversión química, reparación por escisión y reparación de ruptura de la doble cadena.

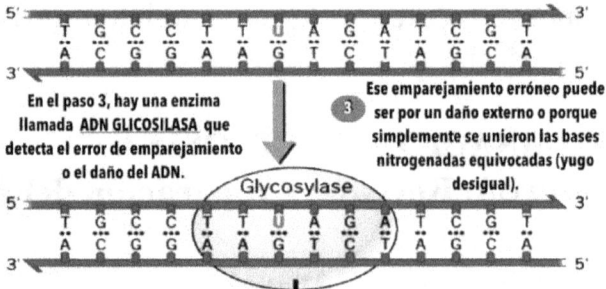

Yugo desigual: Emparejamiento erróneo.

- Esto fue por algo externo que produjo el cambio; esto está dañando el **ADN**.

- La enzima revisa todo el **ADN** hasta que encuentra un error o daño, esto se llama revisión.

- La parte que fue llamada **GLYCOSILASE**, es figura del **Espíritu Santo**, detectó la parte errónea y la envuelve para que sea editado y no siga dañando tu **ADN**.

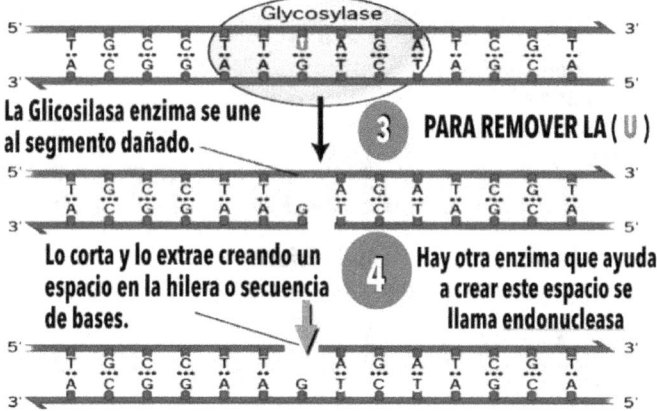

Una vez realizado ese trabajo maravilloso por el **Espíritu Santo**, lo transcribe nuevamente en el propósito de Dios, para que siga funcionando.

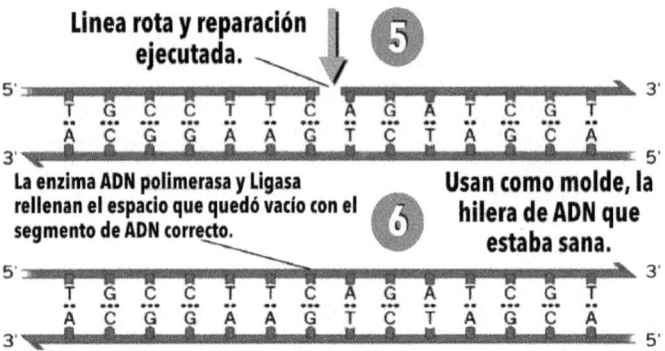

Nota entonces el trabajo del Espíritu Santo; en el paso 5 ya cortó aquello que está erróneo y en la siguiente línea todo está totalmente restaurado.

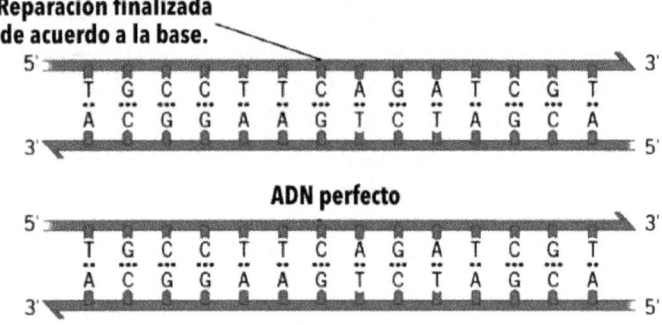

Uno de los beneficios maravillosos de la **Santa Cena** es, que todas las adversidades tempranas que hayas padecido en forma directa o por herencia ancestral, de acuerdo al cuadro que te pude mostrar; desaparezcan totalmente y tengas la oportunidad de tener el **ADN** perfecto como el de Cristo.

Cuando me refiero a una reparación por una adversidad temprana, incluye enfermedades físicas, traumas del alma y que esto esté influenciando mucho en tu memoria trayendo recuerdos no deseados, sean estos dolorosos o de cualquier tipo. Todo eso solamente la sangre de Jesús puede reparar y darte la oportunidad de una vida nueva, disfrutar de todo aquello que el diablo te robó y que impidió que gozaras plenamente la vida junto a tu familia.

Finalmente y como conclusión, puedo decir que con el conocimiento adquirido en este libro, tienes una herramienta más para desenmascarar las obras infructuosas de las tinieblas y fortalecer tu fe en Dios, sabiendo que si bien es cierto que mientras vayas de camino a la perfección habrá estorbos, también debes saber que todo obra a bien a los que aman a Dios, de tal manera que cualquier ataque de las tinieblas te servirá para descubrir todo aquello que te pueda impedir finalmente salir de la Tierra para en encuentro con el Señor Jesucristo en las nubes.

LIBROS DE LA SERIE
Equipamiento Integral para Combatientes de Liberación

Serie: Equipamiento Integral
Para Combatientes De Liberación #9

LA PALESTRA DEL
GUERRERO
ESPIRITUAL

Dr. Mario H. Rivera
Pastora Luz Rivera

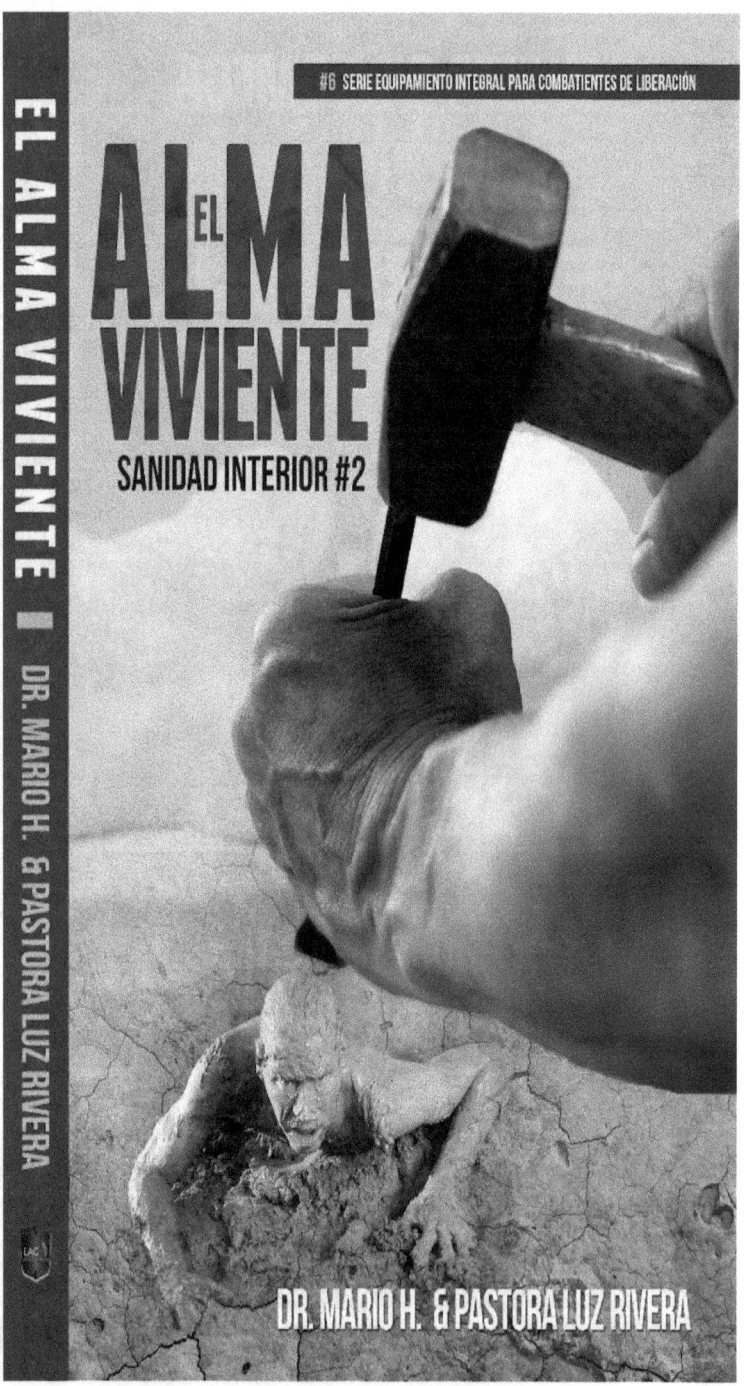

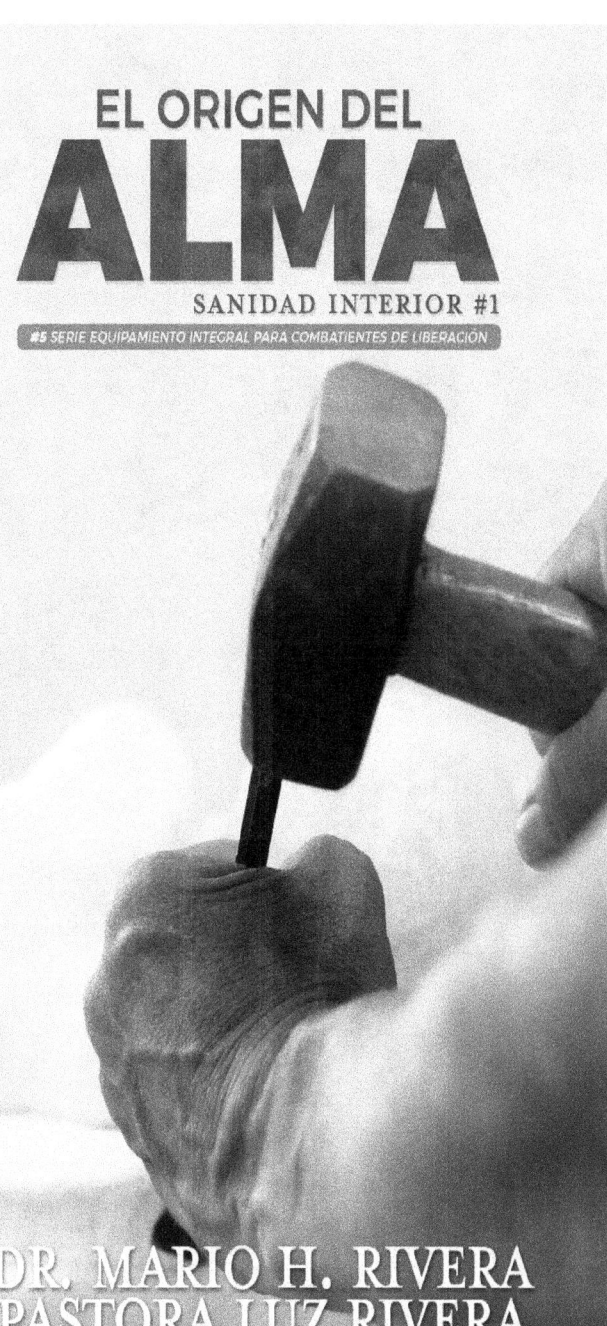

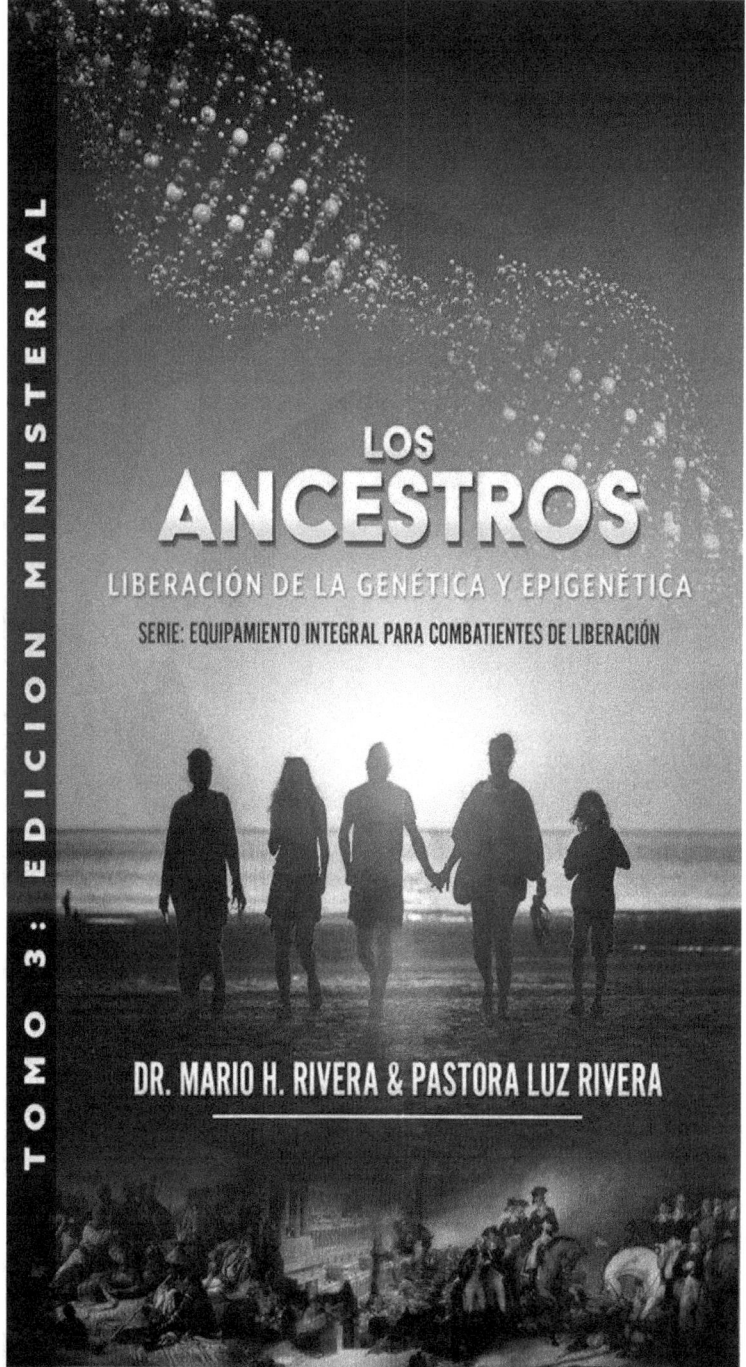

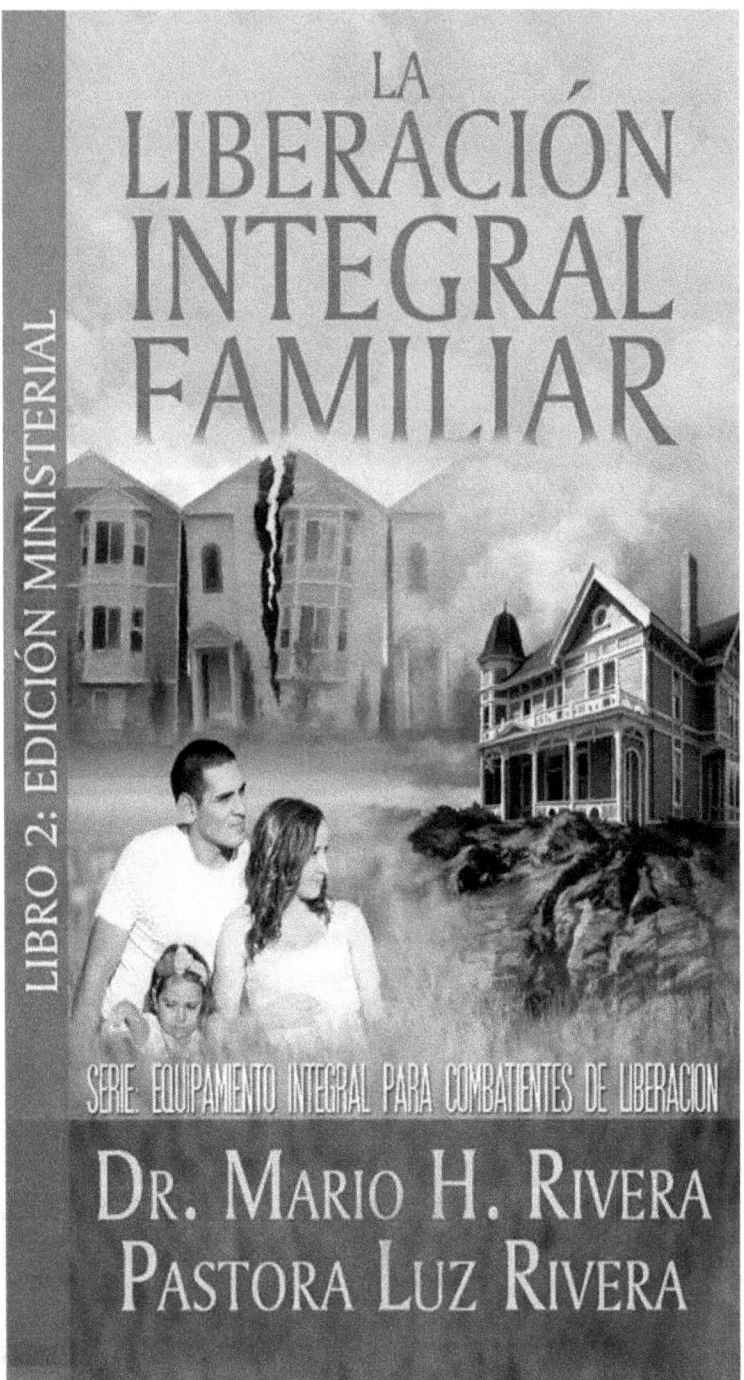

www.ingramcontent.com/pod-product-compliance
Lightning Source LLC
Chambersburg PA
CBHW071702160426
43195CB00012B/1546